Texte détérioré
Marge(s) coupée(s)

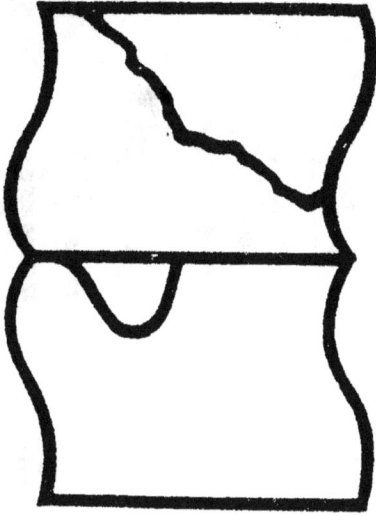

Début d'une série de documents
en couleur

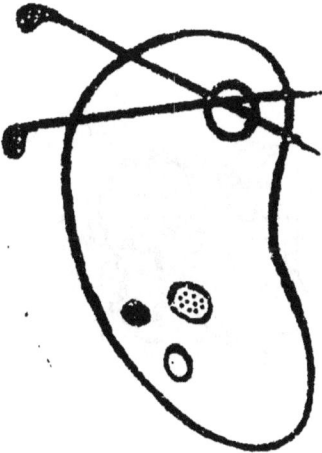

# LÉONIE
# D'ERNOUVILLE

OU

## LA CONFIANCE EN DIEU

PAR

STÉPHANIE ORY

TOURS

ALFRED MAME ET FILS

EDITEURS

# BIBLIOTHÈQUE
# DE LA JEUNESSE CHRÉTIENNE

## NOUVELLE COLLECTION

### Format in-8° — 4e série

Tours. — Imprimerie Mame.

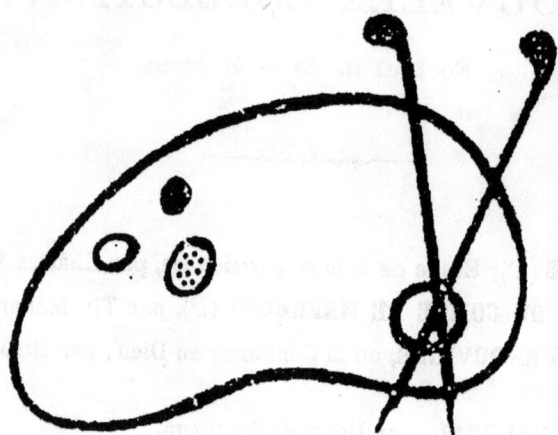

Fin d'une série de documents
en couleur

# BIBLIOTHÈQUE

## DE LA

# JEUNESSE CHRÉTIENNE

APPROUVÉE

PAR Mᵍʳ L'ARCHEVÊQUE DE TOURS

—

4ᵉ SÉRIE IN-8ᵒ

« O mon bon père, aimez-vous toujours vos enfants ? »
(Chap. VIII.)

# LÉONIE
# D'ERNOUVILLE

OU

## LA CONFIANCE EN DIEU

PAR

STÉPHANIE ORY

—

QUATRIÈME ÉDITION

## TOURS

ALFRED MAME ET FILS, ÉDITEURS

—

M DCCC LXXVI

# LÉONIE
# D'ERNOUVILLE

## CHAPITRE I

**Les renseignements.**

Par une brumeuse après-midi du mois de novembre 1857, une jeune fille d'une vingtaine d'années cheminait dans cette partie de la rue de l'Université qui s'étend de la rue des Saints-Pères à la rue du Bac. Elle tenait à la main une lettre dont elle consultait de temps en temps l'adresse, puis levait les yeux pour regarder les numéros des maisons,

que l'intensité du brouillard permettait à
peine de distinguer. Cette jeune fille était
vêtue simplement, mais proprement, d'une
robe de mérinos marron; elle était envelop-
pée d'un grand châle tartan; elle avait pour
coiffure un petit bonnet blanc couvrant à
peine le derrière de sa tête, et laissant à
découvert deux larges bandeaux de cheveux
d'un beau châtain foncé qui, partant du
front, où ils étaient séparés par une raie,
descendaient, lisses et brillants, le long des
tempes, encadraient gracieusement le visage,
et allaient se perdre derrière les oreilles et
se confondre avec le chignon. Ce costume in-
diquait suffisamment dans celle qui le portait
une ouvrière ou une domestique de bonne
maison, mais en même temps il était facile
de reconnaître qu'elle était étrangère à la
capitale; car elle n'avait pas cette allure dé-
gagée, ce pas leste et cet air d'assurance qui
distinguent la jeune ouvrière ou la soubrette
parisienne; sa démarche embarrassée, incer-
taine, annonçait la timidité et le défaut d'habitude de s'orienter dans les rues de Paris.

Enfin elle s'arrêta devant un hôtel de belle apparence, jeta un nouveau coup d'œil sur la lettre qu'elle tenait, puis sur le numéro de la maison, et, certaine cette fois d'avoir trouvé ce qu'elle cherchait, elle tira le bouton de cuivre brillant scellé dans le montant de la porte. Le son argentin d'un timbre se fit entendre, et la porte s'ouvrit aussitôt. La jeune fille entra, referma la porte et se dirigea vers la loge du concierge, largement éclairée au gaz. La concierge était seule dans ce moment, installée dans un vaste fauteuil à la Voltaire, une main appuyée au cordon pour être prête à le tirer au moindre signal parti du dedans ou du dehors; de l'autre main elle tenait un livre qu'elle paraissait lire avec beaucoup d'attention. En voyant paraître sur le seuil de la loge la jeune visiteuse, qui se tenait immobile sans oser avancer, la concierge lui dit avec bonté :
« Que désirez-vous, Mam'selle ?

— C'est bien ici l'hôtel de M. le comte d'Ernouville ?

— Oui, mon enfant.

1*

— En ce cas, reprit l'étrangère avec plus d'assurance, vous êtes sans doute madame Fenouillet, la concierge de l'hôtel?

— C'est moi-même.

— Eh bien, Madame, je viens de la part de Mᵐᵉ Humbert, votre cousine, au sujet d'une place que vous lui avez promise pour moi chez M. le comte d'Ernonville; voici la lettre qu'elle m'a chargée de vous remettre pour me recommander à vous.

— Très-bien, mon enfant, dit Mᵐᵉ Fenouillet en prenant la lettre, entrez et venez vous asseoir auprès de moi. Et comment se porte-t-elle cette bonne cousine Humbert? poursuivit-elle tout en décachetant la lettre et y jetant un coup d'œil.

— Je l'ai laissée en très-bonne santé en quittant le pays. » Il y eut ici une petite pause pendant laquelle la concierge acheva de lire sa lettre. Quand elle l'eut terminée, elle s'adressa de nouveau à la jeune fille : « Vous vous appelez Claudine Benoît? — Oui, Madame. — Et vous êtes parente, du côté des Benoît, de la cousine Humbert? — Oui,

Madame. — J'ai connu dans le temps votre père : ne s'appelait-il pas Claude Benoît, et n'a-t-il pas été fermier à Bonnétable? — Oui, Madame. — C'était un bien brave homme, et j'espère que vous ne dégénérerez pas; d'ailleurs ma cousine me donne sur vous les meilleurs renseignements. Vous avez été femme de chambre au château de Bonnétable : pendant combien de temps? — Deux ans, Madame. — Et je vois que vous en êtes sortie pour des raisons qui ne sauraient que vous faire honneur. Maintenant vous désirez entrer comme femme de chambre chez M. le comte d'Ernouville. C'est très-bien, et je me charge de vous présenter.

— Oh! merci, Madame, reprit avec chaleur la jeune fille, à qui nous donnerons désormais son nom de Claudine; merci mille fois de vos bontés. La cousine Humbert m'avait bien dit que vous étiez une brave et digne femme, et que vous vous intéressiez aux enfants du pays.

— Entendons-nous, je m'intéresse à ceux qui le méritent; et comme j'ai déjà eu des désagréments pour m'être mêlée des affaires de quelques-uns qui ont assez mal tourné, aujourd'hui j'y regarde à deux fois, et je ne m'occupe que des gens qui m'offrent des garanties de moralité suffisantes et sur qui j'ai de très-bons renseignements. Or, comme je puis vous compter au nombre de ces derniers, vous pouvez aussi compter sur moi.

— Merci encore une fois, Madame; maintenant pensez-vous pouvoir bientôt me présenter, et croyez-vous que je serai admise?

— Pour le moment il n'y a personne chez M. le comte. Monsieur est à ses affaires, et ne rentrera que pour le dîner. Madame est sortie avec ses demoiselles, sans doute pour faire des visites ou des emplettes, et elles ne rentreront guère avant Monsieur, seulement le temps de changer de toilette pour le dîner. Il y a bien Mᵐᵉ Gérard, la femme de charge, et c'est par elle que nous commencerons; mais elle est en ce moment très-occupée, et il faut que je la prévienne auparavant, car c'est elle qui doit vous présenter directement. En attendant il faut, ainsi que me le recommande ma cousine, que je vous mette au courant du personnel de vos nouveaux maîtres et de la nature de l'emploi que vous aurez à remplir. Mais, pour ne pas être dérangées, nous allons passer dans le salon, et mon mari va me relever de ma faction. »

En effet, elle appela son mari, l'installa au fauteuil à sa place, et conduisit sa protégée dans ce qu'elle appelait *son salon*. C'était une petite pièce meublée avec plus de luxe et de profusion que d'élégance. Canapé, fauteuils, chaises tapissées, étagères, glaces, pendules, vases de porcelaine, encombraient plutôt qu'ils ne meublaient cette pièce, et lui donnaient quelque ressemblance avec l'arrière-boutique d'un marchand de meubles.

M^me Fenouillet fit asseoir sa *payse* à côté d'elle sur le canapé, et aussitôt la conversation, ou plutôt le monologue, s'engagea, car M^me Fenouillet en fit à peu près tous les frais. Avant d'aller plus loin, nous ferons remarquer à nos lectrices que M^me Fenouillet ne ressemblait que fort peu à l'espèce parti-

culiers d'individus qui exercent à Paris les
fonctions de portiers ou de concierges, et
qui sont généralement connus par leur in-
solence, leur bavardage, leurs tracasseries
envers les locataires, espèce unique en son
genre, et qui a fourni à la caricature, aux
romans de mœurs et au théâtre les types les
plus curieux et les charges les plus gro-
tesques. En général, les concierges des
grandes maisons du faubourg Saint-Germain
ne ressemblent pas plus aux portiers des
autres quartiers, que les nobles habitants de
ces vastes Hôtels ne ressemblent au petit
rentier, au petit bourgeois besoigneux, à
l'artisan, à l'ouvrier, logés dans les maisons des quartiers populeux, où quelquefois
quarante, soixante et même cent familles
sont entassées depuis le sous-sol jusqu'au
sixième étage. Ici le portier, qui a toujours
la prétention de se faire appeler concierge,
a pour logé un véritable bouge, étroit, mal-
sain, obscur; ses relations avec *ses* locataires
sont presque toujours tendues, tracassières,
hostiles. Le concierge du faubourg Saint-Ger-

main a pour loge un appartement dont se
contenteraient nombre de bons bourgeois.
Souvent l'hôtel n'est habité que par une seule
famille, soit le propriétaire, soit un loca-
taire, ou par deux ou trois du plus. Il n'a de
relation avec les locataires ou le propriétaire
que par l'intermédiaire des domestiques,
des intendants ou des femmes de charge.
Pendant la belle saison, tout ce monde va
habiter la campagne, et pendant six mois de
l'année la place de concierge est une véritable
sinécure. On comprend la différence énorme
qui existe entre ces deux classes d'individus,
appelés cependant à remplir à peu près les
mêmes fonctions. L'un se croit un person-
nage; il regarde l'autre en pitié, et se croi-
rait déshonoré de l'appeler son confrère.
Malgré la supériorité et l'air de dignité
qu'affecte le premier, il ne faut pas croire
qu'il soit entièrement exempt des reproches
qu'on adresse au second. La médisance joue
son rôle dans la loge à salon comme dans
la loge enfumée; seulement elle y est plus
discrète, elle y affecte des formes plus polies,

ce qui ne l'empêche pas d'y être quelquefois
plus perfide. Mais arrêtons là cette digression
déjà trop longue, et qui n'avait d'autre but
que d'expliquer le sans-gêne avec lequel
M⁰⁰ Fenouillet va parler de ses maîtres.
Ajoutons enfin, comme correctif, qu'elle avait
un cœur excellent; que si parfois elle se
laissait aller à cette démangeaison, si com-
mune chez bien des femmes en général et
chez les concierges en particulier, de parler
un peu librement de son prochain, ce n'était
pas dans de mauvaises intentions; ainsi, par
exemple, dans la circonstance actuelle, elle
n'avait d'autre but que d'éclairer une jeune
personne, sa compatriote, presque sa parente, qui lui était chaleureusement recom-
mandée par sa cousine, sur les personnes
avec lesquelles elle allait être probablement
appelée à vivre. Quand donc elle se fut bien
installée sur le canapé, elle huma une co-
pieuse prise de tabac, se moucha et commença ainsi :

« Vous saurez donc, ma petite, pour
votre gouverne, primo d'abord, que vous

aurez quatre maîtres à contenter, dont trois maîtresses...

— On m'avait dit, interrompit Claudine, que je ne serais au service que d'une seule personne.

— Permettez; je ne vous ai pas dit que vous auriez quatre maîtres à servir, mais quatre maîtres à contenter, ce qui est bien différent. Il y a d'abord M. le comte d'Ernouville; avec celui-là vous n'aurez pas grande difficulté, d'autant plus qu'il n'est presque jamais à la maison de la journée, et que d'ailleurs vous n'avez nullement affaire à lui. Puis il y a M<sup>me</sup> la comtesse et sa fille, M<sup>lle</sup> Adèle Lourdin...

— Pardon, Madame, interrompit encore Claudine; ces dames n'ont-elles pas leurs femmes de chambre, et moi ne suis-je pas destinée à devenir celle de M<sup>lle</sup> Léonie d'Ernouville, dont vous ne m'avez pas encore parlé?

— Patience, mon enfant; il ne faut pas aller trop vite en besogne; mais c'est le défaut de votre âge de vouloir toujours

courir, courir sans faire attention qu'on
peut se casser le cou. Laissez-moi vous guider. A mon âge on a de l'expérience, et je
vous mettrai dans le bon chemin, si toutefois
mes conseils vous conviennent.

— Je suis on ne peut plus reconnaissante
des bons avis et des renseignements que vous
voulez bien me donner; mais j'avoue que
je suis impatiente d'entendre parler de
M⁰ᵉ Léonie, ma future maîtresse; et Mᵐᵉ Humbert m'a dit que personne ne pouvait mieux
que vous me renseigner à ce sujet, car vous
connaissiez cette demoiselle dès son enfance.

— Si je la connais, c'te chère demoiselle! moi qui l'ai vue naître, qui l'ai vue
grandir, sauter, courir dans le jardin, dans
la cour, et souvent tout mettre sens dessus
dessous dans ma loge. Figurez-vous, ma
petite, qu'à l'âge de six ans c'était bien
l'enfant le plus frais, le plus rose, le plus
mignon qu'on puisse imaginer, enfin tout
le portrait de sa défunte mère, une vraie
comtesse, celle-là : douce, bonne, point
fière avec le pauvre monde, et qui ne res-

semblait guère à celle d'aujourd'hui, qu'est une parvenue, c'est tout dire. Mais pour en revenir à M⁰ˢ Léonie, je vous disais donc qu'elle était gentille à croquer, mais en même temps c'était un lutin, un vrai démon sous la figure d'un ange; elle faisait ses cent mille et une volontés, elle criait, elle pleurait, elle riait tout à la fois. Tout le monde, à commencer par son père, la laissait faire et la gâtait à qui mieux mieux; car avec tous ses défauts chacun l'aimait, et, moi qui vous parle, je tremblais de la voir entrer dans ma loge, car j'étais sûre qu'elle n'en sortirait pas sans m'avoir fait quelque espièglerie à me mettre en colère; et cependant j'en raffolais, et, quand elle voulait bien se laisser embrasser, je lui pardonnais de bon cœur tous les tours pendables qu'elle m'avait joués.

Son père avait pensé que l'âge et la raison amèneraient un changement; mais c'est tout le contraire qui arriva. Elle grandit en malice et en fantaisie comme en taille. On essaya de lui donner une gouvernante; bah!

la pauvre fille ne put pas y rester six mois.
Une seconde lui succéda, et ne fit pas un plus
long bail; la troisième tint bon plus longtemps; elle était parvenue à dompter un peu
ce caractère indocile, et même à lui faire
apprendre un peu de grammaire et de catéchisme, ce que n'avaient pu obtenir les deux
premières, quand tout à coup il prit fantaisie
à M^{lle} Léonie d'apprendre à faire l'exercice...
oh! ne riez pas!... oui, l'exercice comme les
soldats. La gouvernante, comme vous pensez
bien, se récria, essaya de faire entendre raison à son élève, lui montra l'inconvenance
d'un pareil amusement pour une jeune personne bien née. « Ça m'est égal, répondit
Léonie, moi je veux apprendre à faire l'exercice, nà, parce que, quand mon frère revien-
dra de l'École militaire, je pourrai jouer au
soldat avec lui. » La gouvernante insista, l'é-
lève s'entêta, M. le comte se fâcha, mais ne
put rien obtenir du caractère indomptable de
sa fille. Ce fut alors qu'il se décida à se rema-
rier. Son motif principal était que, ne pou-
vant veiller par lui-même à l'éducation de sa

fille, il chargerait de ce soin une personne
qu'il regardait comme capable de le remplacer
dans ces fonctions difficiles, et qu'il croyait
très-propre à s'en acquitter convenablement.
Ce qui lui inspirait surtout cette confiance,
c'est que cette personne était veuve, et avait
elle-même de son premier mariage une fille
à peu près de l'âge de Léonie, et qui, disait-
on, était très-bien élevée par sa mère. Ainsi il
donnerait tout à la fois à sa fille une compagne propre à lui servir de modèle et à
exciter son émulation, et une institutrice qui
apporterait dans l'exercice de cet emploi le
désintéressement, l'autorité et la tendresse
d'une mère.

C'étaient là sans doute de fort beaux rai-
sonnements, et M. d'Ernouville s'applaudissait de sa résolution. Eh bien, moi, s'il m'eût
consultée, je lui aurais dit, avec mon gros
bon sens : Prenez garde, monsieur le comte,
vous allez peut-être exposer votre bonheur
et celui de votre enfant. Quel que soit le mé-
rite de la femme que vous allez épouser, elle
sera toujours une belle-mère pour Mlle Léonie,

et vous savez ce que c'est qu'une belle-mère.
— Mais il ne me consulta pas, bien entendu,
et le mariage se fit.

Or, savez-vous, ma petite, ce qu'était la
nouvelle comtesse d'Ernouville? C'était la
veuve de M. Lourdin, banquier dans le faubourg Poissonnière, fille elle-même de M. Potard, riche quincaillier de la rue Saint-Denis.
Elle avait été élevée dans un grand pension-
nat, où elle avait appris le ton et les manières
du grand monde, mais où elle avait eu à
essuyer plus d'une fois les railleries de ses
compagnes à cause de son vilain nom de Potard. Aussi s'était-elle bien promis de se dé-
barrasser le plus tôt possible de ce nom ridi-
cule, et de prendre un mari qui aurait un
nom plus distingué. Hélas! ce fut pour elle
un grand désappointement quand son père
lui proposa le banquier Lourdin; c'était du
reste un parti brillant et on ne peut plus convenable sous tous les rapports. M. Lourdin
était un homme jeune encore, bien fait, de
bonnes manières, et jouissant d'une fortune et
d'un crédit considérables; malgré ces avanta-

ges, M<sup>lle</sup> Potard hésita quelque temps, parce qu'elle trouvait ce nom trop vulgaire. Enfin elle se décida; mais, devenue veuve après dix ans de mariage, elle se promit bien cette fois de ne renoncer au veuvage que pour épouser un nom aristocratique. Sa fortune lui permettait d'attendre et de choisir, et pour s'occuper elle employait le temps de son veuvage à l'éducation de M<sup>lle</sup> Adèle Lourdin, sa fille, seul enfant issu de son mariage avec le banquier.

Je ne sais comment M. le comte a connu M<sup>me</sup> veuve Lourdin, née Potard; je me suis laissé dire que c'était parce que son mari était engagé pour des sommes importantes dans des entreprises industrielles à la tête desquelles se trouve M. le comte, et qu'après sa mort les affaires de sa succession ont mis en rapport sa veuve et M. le comte. Quoi qu'il en soit, le mariage se décida comme je vous ai dit. Il est bien possible que de la part de M. le comte il y eût aussi quelques calculs d'intérêt; mais le principal motif est celui dont je vous ai parlé.

Quant à la veuve, le seul, le véritable moif qui la détermina, fut de quitter ce vilain nom de Lourdin, née Potard, pour celui de comtesse d'Ernouville. Elle voyait enfin s'accomplir le rêve de toute sa vie : comtesse d'Ernouville ! voilà un nom qui sonne agréablement à l'oreille, un nom réellement noble, connu de tout le faubourg Saint-Germain et allié aux meilleures familles de ce quartier aristocratique. On dit, mais je n'oserais l'affirmer, qu'elle nourrit encore un autre projet : c'est celui de donner à sa fille, M<sup>lle</sup> Adèle Lourdin, le nom de vicomtesse d'Ernouville, en lui faisant épouser M. Ernest d'Ernouville, fils aîné de M. le comte et frère de M<sup>lle</sup> Léonie. Peut-être cette affaire sera-t-elle bientôt décidée ; car on attend dans quelques jours l'arrivée de M. Ernest, et c'est pour cela, dit-on, que l'on a fait sortir M<sup>lle</sup> Léonie du couvent.

— Ainsi donc, observa Claudine, M<sup>lle</sup> Léonie a été au couvent, et elle n'a pas été élevée par sa belle-mère, comme c'était l'intention de son père ?

— Comme vous le dîtes, mon enfant ; peu

de temps après le mariage, la nouvelle comtesse d'Ernouville signifia à son mari qu'elle
était impuissante à maîtriser le caractère in-
traitable de sa fille; que, loin de suivre les
bons exemples que lui donnait Adèle, elle ne
faisait que tourmenter cette pauvre enfant, se
moquer d'elle, et lui faire toutes sortes de
méchancetés; qu'enfin elle craignait pour sa
propre fille la contagion du mauvais exemple,
et qu'elle était résolue à l'éloigner, à se séparer d'elle, malgré la douleur que lui cau-
serait cette séparation, si M. le comte ne se
déterminait pas lui-même à mettre sa fille en
pension. Il s'y détermina, comme on le pense
bien; et, après avoir mûrement délibéré sur
le choix de la pension, on convint de la
placer au couvent du Sacré-Cœur d'Orléans.
Pourquoi ne la mettait-on pas plutôt dans un
couvent de Paris? au Sacré-Cœur de la rue de
Varennes, par exemple, ou à l'Abbaye-aux-
Bois, ou au couvent des Oiseaux de la rue de
Sèvres? On ne me l'a pas dit; mais cela se
devine facilement. Si elle eût été en pension
à Paris, on n'aurait pu se dispenser d'aller la

voir au moins une fois par semaine, de la faire
sortir pendant les vacances, ces visites et ces
sorties auraient entretenu des relations qu'on
voulait rompre entièrement, au moins pendant un certain temps; au lieu qu'en tenant
Léonie dans un isolement complet de sa famille, on espérait peu à peu la remplacer
dans le cœur de son père par M$^{lle}$ Adèle Lourdin, enfant douce, soumise, complaisante,
ornée de toutes les vertus, à ce que disait sa
mère; et alors il n'hésiterait pas à lui donner
le nom et le titre de fille en l'unissant à son
fils. Une fois ce mariage arrêté, une fois la
plus grande partie de la fortune de M. le
comte passée, en faveur de cette union, sur
la tête de son fils, M$^{lle}$ Léonie, réduite à sa
légitime, deviendrait ce qu'elle voudrait;
c'était là le moindre des soucis de M$^{me}$ la
comtesse d'Ernouville, née Potard. On n'est
pas fille d'un négociant de la rue Saint-Denis,
on n'a pas été femme d'un riche banquier sans
avoir appris à calculer. L'avenir nous fera
connaître si les calculs de M$^{me}$ la comtesse se-
ront déjoués ou non. En attendant, il y en a

un où elle me paraît avoir échoué. D'après
ses conseils, M<sup>lle</sup> Léonie est restée sept ans en
pension, éloignée de sa famille. Pendant ce
temps-là elle n'a reçu qu'une ou deux courtes
visites de son père ; sa belle-mère, il est vrai,
y allait régulièrement deux fois par an ; mais,
chaque fois qu'elle en revenait, elle annonçait que M<sup>lle</sup> Léonie était pire que jamais ;
qu'elle était incorrigible, et que, sans son in-
tervention, les dames religieuses l'auraient
renvoyée déjà plusieurs fois. Cependant, il y
a six mois environ qu'une cousine germaine
de M. le comte, M<sup>me</sup> la marquise de Marey,
tante de Léonie à la mode de Bretagne, pas-
sant par Orléans, voulut aller voir sa petite
nièce. Elle en fut enchantée, et ces dames du
couvent lui en ont dit toute sorte de bien. A
son retour, elle en parla chaleureusement à
son cousin, et c'est alors que celui-ci s'est
décidé à faire revenir sa fille. Eh bien, tout le
monde, excepté peut-être une seule personne,
est de l'avis de la cousine. M<sup>lle</sup> Léonie, que
j'ai connue un enfant mutin et insupportable,
est aujourd'hui une jeune personne char-

mante, aussi belle que bonne. Tenez, le jour
même de son arrivée, elle est venue me trouver dans ma loge, m'a embrassée sur les deux
joues en me disant : « Bonjour, ma bonne
mère Fenouillet : que je suis heureuse de vous
revoir ! Je vous ai bien fait enrager autrefois ; mais je ferai en sorte désormais que vous
oubliiez toutes mes extravagances passées. —
Oh ! Mademoiselle, répondis-je les larmes
aux yeux, il y a longtemps que tout cela est
oublié.

— Et le papa Fenouillet se porte-t-il bien ?
— Très-bien, Mademoiselle. — Aime-t-il
toujours à fumer dans ces vilaines pipes
noires, que je m'amusais souvent à lui casser ?
— Oui, Mademoiselle. — Dites-lui bien que
je ne les lui casserai plus. Et, à propos, qu'est
devenu votre gros Mouton ? » C'était un chat
angora magnifique que j'aimais beaucoup.
« Hélas ! Mademoiselle, il y a deux ans qu'il
est mort. — C'est dommage ; la pauvre bête
aurait aussi à me pardonner bien des misères
que je lui ai fait souffrir. Vous rappelez-vous
quand je lui enveloppais la tête dans un

bonnet de coton que j'avais attaché sous son
cou, de manière qu'il ne voyait plus clair et
ne savait où se fourrer? En vérité, quand je
me rappelle ce temps de folie, je crois que je
rêve, et j'ai honte de penser que j'aie pu me
livrer à tant d'extravagances. »

Depuis son retour, elle ne passe jamais devant la loge sans entrer me dire un petit mot
d'amitié, tandis que sa belle-mère et M<sup>lle</sup> Adèle
Lourdin se croiraient déshonorées de m'a-
dresser la parole. M<sup>me</sup> Gérard, la femme de
charge, qui détestait autrefois M<sup>lle</sup> Léonie,
est bien revenue sur son compte, et elle me
disait encore hier : « Mon Dieu! comme elle
est changée! Ah! si elle eût toujours été
comme elle est aujourd'hui, nous n'aurions
probablement pas pour maîtresse cette *parvenue* orgueilleuse, plus fière qu'une Mont-
morency. » Tous les anciens domestiques de
la maison qui ont connu autrefois M<sup>lle</sup> Léonie
en disent autant. Enfin, ma petite, pour me
résumer, je crois que vous aurez affaire à une
excellente maîtresse; mais, comme je vous
le disais en commençant, il faudra toutefois

prendre garde de déplaire à madame et à sa
fille, car elles vous feraient impitoyablement
renvoyer. Je vous donnerai là-dessus de bons
conseils, dont vous vous trouverez bien si
vous les suivez. »

Ici la conversation fut interrompue par ce
cri prolongé, venant de la rue, et particulier
aux cochers de Paris quand ils veulent faire
ouvrir une porte cochère : « La porte, s'il
vous plaît ! »

« Ah ! voici ces dames qui rentrent, » dit
M$^{me}$ Fenouillet. En même temps les deux bat-
tants de la porte cochère s'ouvrirent ; une
voiture roula dans l'allée, et alla s'arrêter
sous la marquise du fond de la cour.

« Allons, ma petite, dit M$^{me}$ Fenouillet,
venez maintenant que je vous conduise chez
M$^{me}$ Gérard. » Claudine prit son panier, et
accompagna la concierge chez la femme de
charge. Celle-ci, qui avait été prévenue de
l'arrivée de la jeune fille, lui fit bon accueil,
et la présenta dès le soir même à M$^{lle}$ Léonie
et à M$^{me}$ la comtesse. Claudine fut agréée et
installée aussitôt.

# CHAPITRE II

### Autres détails.

Nous avons peu de chose à ajouter aux renseignements que M<sup>me</sup> Fenouillet vient de donner à Claudine. Cependant quelques points demandent à être éclaircis pour l'intelligence de cette histoire.

M. le comte d'Ernouville, quoique appartenant à l'une des grandes familles de l'aristocratie française, était entré assez avant dans les idées modernes pour se trouver en contradiction avec une partie de la société du noble

faubourg. On ne lui reprochait pas de s'être
mis à la tête de plusieurs grandes entreprises
industrielles, ni d'être administrateur d'une
compagnie de chemin de fer : ces sortes d'o-
pérations ne sont plus regardées aujourd'hui
comme indignes d'un gentilhomme et comme
le faisant déroger ; mais ce qu'on ne lui par-
donnait pas, c'était de s'être rallié au gouvernement de Juillet, et surtout de s'être
mésallié en épousant en secondes noces une
femme sortie d'une boutique de la rue Saint-
Denis. M. d'Ernouville se souciait fort peu des
bouderies de ses pairs ; sauf quelques relations encore fort rares avec sa cousine de
Marey et un très-petit nombre de cousins, il
faisait sa société habituelle de personnages
haut placés dans le gouvernement, dans les
administrations ou dans la finance.

M. d'Ernouville, lancé dans les grandes
affaires, s'occupait fort peu de son intérieur,
et nullement de l'éducation de ses enfants. Il
avait laissé ce soin à sa première femme, qui
s'en acquittait admirablement. M<sup>lle</sup> Louise
d'Arsenne, comtesse d'Ernouville, était ce

qu'on peut appeler une épouse et une mère
modèle. Elle eut d'abord deux fils, dont elle
commença elle-même l'éducation. La première chose qu'elle leur enseigna, dès que
leur intelligence fut en état de la comprendre,
ce fut la connaissance de Dieu ; et la première
habitude qu'elle leur fit contracter, ce fut celle
de la prière. Elle voyait avec bonheur croître
et se développer ces tendres rejetons, quand
elle eut le malheur de perdre le plus jeune.
Ce fut un cruel et douloureux sacrifice, auquel elle eût été incapable de résister si la religion n'était venue à son secours et ne lui
eût inspiré cette résignation qu'elle seule
peut donner pour nous apprendre à supporter les plus grands maux. Bientôt un événe-
ment inattendu vint apporter une grande di-
version à ses chagrins. Elle devint enceinte
pour la troisième fois, après un laps de temps
de près de sept ans depuis la naissance de
son dernier enfant. Quand elle s'était vue
mère de son premier garçon, elle avait souvent adressé des prières au Ciel pour en obtenir une fille ; mais elle avait eu un second

fils, comme nous l'avons dit, et encore eut-
elle la douleur de le perdre à l'âge de six ans.
Cette fois ses vœux furent exaucés, et elle
donna le jour à une fille, qui reçut au baptême le nom de Léonie. Oh! combien cette
mère était heureuse! que d'actions de grâces
elle rendit à Dieu! que de beaux projets elle
forma pour l'éducation de cette chère enfant,
qui serait un jour sa joie et sa consolation!
Vains projets, trompeuses espérances! Avant
même que cette pauvre petite eût commencé
à sourire à sa mère, celle-ci fut attaquée
d'une maladie mortelle qui ne laissa bientôt
plus d'espoir. M᷅ᵐᵉ d'Ernouville connaissait sa
position; fortifiée par les secours de la religion, elle vit avec calme arriver la mort;
seulement, quelques instants avant de rendre
le dernier soupir, elle fit appeler son fils aîné
et lui dit: « Ernest, mon fils, je vais bientôt
te quitter, mais auparavant j'ai deux grâces
à te demander; je connais trop bien ton cœur
pour douter un instant que tu hésites à me les
accorder.

— Oh! ma mère, s'écria Ernest en sanglotant, je vous jure d'accomplir tout ce que vous me demanderez.

— Non, ne jure pas, mon enfant, je ne te demande pas un serment; une simple promesse de ta part dans un moment si solennel me suffira, et adoucira mes derniers instants. Voici maintenant les deux grâces que je te demande. La première est de conserver précieusement le germe de la foi que j'ai semé dans ton cœur. Ne rougis jamais de la religion; confesse-la hautement, hardiment, dans quelque situation que tu te trouves; agir autrement ce serait une lâcheté indigne d'un gentilhomme, indigne surtout d'un chrétien. Mais si, par malheur, cette foi venait à s'obscurcir ou à chanceler, pense à ta mère, pense à la recommandation qu'elle t'a faite sur son lit de mort, adresse à la sainte Vierge la prière que je t'ai enseignée, et tes doutes se dissiperont, et tu sentiras la foi se raffermir en toi. Me le promets-tu?

— Oh! oui, ma mère, je vous le promets de tout mon cœur, et jamais je ne manquerai à cet engagement.

— Bien, mon fils. Maintenant voici la seconde grâce que j'attends de toi. Je te laisse
une sœur, chétive créature, qui n'a pas encore la conscience de son existence. Je me
faisais une joie, un bonheur ineffable, de
veiller sur elle, de la voir croître et se développer sous mes yeux; mais Dieu m'a refusé cette félicité : que sa sainte volonté soit
faite ! Maintenant qui veillera sur cette pauvre
enfant bientôt privée de sa mère? Je ne
parle pas des premiers soins à donner à son
enfance : sa nourrice et les femmes attachées
à son service suffiront à pourvoir à tous ses
besoins matériels; mais quand son intelligence commencera à s'éclaircir, quand elle
sera sortie de l'enfance, qui la guidera, qui
la conduira dans ces premiers sentiers de la
vie où il est si facile de s'égarer?... Oh! ne
crains pas, mon ami, que je veuille t'imposer
une tâche aussi difficile, et qui même te serait
impossible; d'ailleurs tu vas entrer au collége, et pendant tout le temps que dureront
tes classes, tu seras éloigné de ta sœur; peut-
être même l'état que tu embrasseras t'en tien-

dra-t-il encore éloigné, même après avoir
terminé tes études. Mais quelque part que tu
te trouves, de près ou de loin, tu peux toujours entretenir une correspondance avec
elle; tu pourras au moins la voir de temps en
temps. Eh bien, voici ce que je te demande
et ce que j'attends de toi : chaque fois que tu
verras Léonie ou que tu lui écriras, parle-lui
de sa mère; rappelle-lui souvent mes dernières recommandations à mes derniers moments. Tu ne peux pas sans doute veiller sur
son éducation comme une institutrice, comme
une mère, comme son père; mais tu peux
toujours lui donner de temps en temps de
bons conseils, et exercer sur elle une certaine
autorité, à laquelle tu as droit en ta double
qualité de frère aîné et de parrain. Car n'oublie pas que tu as tenu ta sœur sur les fonts
de baptême, et que tu as pris l'engagement
devant Dieu de lui servir de père et de pro-
tecteur au besoin. C'est cet engagement que
je viens te rappeler aujourd'hui, et que tu me
promets de remplir fidèlement, n'est-ce pas,
mon fils?

« — Je vous le promets, ma mère, et, avec
l'aide de Dieu, je ne faillirai pas plus à cette
promesse qu'à la première.

— Je te remercie, mon enfant ; maintenant
approche de mon lit le berceau de ta sœur,
et recevez tous deux ma bénédiction. »

Ernest approcha le berceau, de manière
que sa mère pût voir le visage de sa petite
sœur ; puis il s'agenouilla, et la malade,
étendant une main sur la tête de son fils, et
l'autre sur le berceau de sa fille, prononça
d'une voix distincte, quoique bien faible, la
prière suivante : « O mon Dieu ! que votre
sainte bénédiction descende avec celle de leur
mère sur la tête de ces pauvres enfants !
Vierge sainte, soyez désormais leur mère, et
remplacez auprès d'eux celle qui va les quitter
aujourd'hui ! Si vous daignez exaucer ma
dernière prière, je n'ai plus rien à désirer sur
la terre, et j'attendrai avec calme l'instant où
il vous plaira, ô mon Dieu, de me rappeler à
vous. »

Après cette prière adressée avec ferveur et
confiance, elle cessa de parler, et moins d'une

demi-heure plus tard elle rendit le dernier
soupir.

Ernest, comme nous le verrons dans la
suite, fut fidèle aux promesses qu'il avait
faites à sa mère mourante. Mais, dira-t-on,
ses remontrances ne paraissent pas avoir produit beaucoup d'effet avant le départ de Léonie pour le couvent. A cela nous répondrons
qu'Ernest ne voyait que très-rarement sa
sœur; qu'il était dans un collége fort éloigné
de Paris, et que pendant la durée de ses
classes il ne vint qu'une fois ou deux passer
les vacances à la maison paternelle. Il ne
pouvait pas alors entretenir de correspondance avec elle; car la pauvre petite ne savait ni lire ni écrire. Dans les courts instants
qu'il la vit pendant les vacances, il la trouva
si gaie, si heureuse, si folle de voir son grand
frère, de le caresser, qu'il ne se sentit pas la
force de l'attrister par des remontrances qui
n'auraient probablement produit aucun effet
sur cette tête légère et étourdie. Puis lui-
même n'était encore qu'un écolier; il sentait
que le rôle de mentor ne lui seyait nulle-

ment, et il se mit à jouer, à folâtrer avec sa
sœur, remettant à plus tard les entretiens sérieux.

Ce fut quand Léonie était au couvent du
Sacré-Cœur que commença entre le frère et
la sœur une correspondance sérieuse, qui ne
contribua pas peu au changement opéré alors
dans les manières, dans la conduite et dans
le cœur de celle-ci.

Ernest, après avoir terminé ses études,
était entré à l'école militaire de Saint-Cyr;
au moment où commence cette histoire, il
était lieutenant dans les chasseurs d'Afrique.
Il avait obtenu un congé de semestre qu'il se
proposait de venir passer dans sa famille;
mais, en annonçant son arrivée, il avait exprimé formellement le désir de retrouver sa
sœur sous le toit paternel, au moins pendant
le temps de son séjour à Paris. Quoique ce
désir contrariât un peu les intentions de la
nouvelle comtesse d'Ernouville, elle n'osa le
faire paraître, et elle fut la première à engager son mari à faire revenir Léonie du
couvent. On voit qu'ici les renseignements de

M^me Fenouillet manquaient d'exactitude, ou plutôt n'étaient pas complets. Elle attribuait le retour de M^lle Léonie à la visite que lui aurait faite une cousine à Orléans, et à ce qu'elle en avait rapporté à M. d'Ernouville. Le fait est que cette visite n'avait fait que peu d'impression sur celui-ci, et que sans la lettre d'Ernest Léonie serait probablement encore restée au couvent pour un temps indéterminé. Il ne se détermina même à la rappeler que sur les instances de sa femme, et à cette occasion nous ferons remarquer que M^me d'Ernouville exerçait un empire, pour ainsi dire, absolu sur l'esprit de son mari. Entièrement occupé de ses affaires d'industrie et de chemins de fer, qui absorbaient tous ses instants, il laissait sa femme diriger à sa volonté et sans contrôle l'intérieur de sa maison. Il ne s'était mêlé de l'éducation de son fils que pour payer les trimestres de sa pension dans les divers colléges et écoles où il avait été élevé; maintenant qu'il avait atteint sa majorité, qu'il lui avait rendu les comptes de tutelle de la succession de sa mère, il le laissait voler de ses

propres ailes. Il n'était pourtant pas indiffé-
rent aux succès d'Ernest, ni aux bons rapports qu'il recevait sur sa conduite ; il en était
même heureux et fier ; mais cela lui paraissait tout naturel, et il ne comprenait pas qu'il
en eût pu être autrement.

Telle était aussi sa pensée à l'égard de sa
fille. Les défauts de sa première enfance ne
l'avaient que médiocrement affecté, et il avait
toujours pensé que l'âge et la raison la feraient changer. Aussi, quand sa cousine lui
parla de cet heureux changement, il n'en
parut pas surpris, et répondit qu'il avait toujours pensé que cela arriverait ainsi. Il ne se
doutait pas que la religion seule, et non l'âge
et la raison, avait opéré cette conversion. On
le lui aurait affirmé, qu'il ne l'aurait pas compris ; car M. d'Ernouville était de ces hommes,
comme on n'en voit que trop dans ce siècle, qui
nient l'influence salutaire de la religion, qui
affectent pour elle une indifférence profonde
et un scepticisme outré. En même temps
(était-ce une contradiction, était-ce une conséquence de ses principes ? c'est ce que nous

ne déciderons pas) il était d'une tolérance
parfaite envers ceux qui professaient leur religion; libre penseur, il ne voulait pas que la
liberté des autres fût le moins du monde en-
travée; jamais il ne se serait permis un mot,
un geste, un sourire qui eût pu blesser les
sentiments religieux de ceux avec lesquels
il se trouvait en rapport. Ainsi sa première
femme, qui était d'une piété exemplaire, qui
remplissait avec une exactitude scrupuleuse
tous ses devoirs religieux, ne rencontra jamais dans son mari la plus légère entrave
à l'accomplissement de ses devoirs. Quand
elle s'occupa de la première éducation de ses
fils, elle voulut, par déférence, soumettre son
plan à son mari; et l'on sait que, dans ce
plan, la religion était la base de cette éducation maternelle; non-seulement il ne fit pas
la moindre objection, mais il approuva complétement son programme, il l'encouragea à
le suivre avec persévérance, et même il lui
donna d'utiles conseils pour en assurer l'exécution. Elle se hasarda alors à lui dire : «Vous
ne craignez donc pas que vos fils deviennent

de bons chrétiens ? — Non certes, reprit-il vivement, je ne le crains pas; je le désire même de tout mon cœur. » Elle n'osa pas ajouter : Vous devriez en ce cas leur donner l'exemple. Elle se contenta de remercier Dieu en silence.

M. d'Ernouville montrait à l'égard de sa seconde femme la même tolérance qu'il avait montrée envers la première. Mais ce n'était pas pour se livrer à des exercices de piété que l'ex-madame Lourdin avait besoin de l'indulgence de son mari. Elle allait, il est vrai, de temps en temps à l'église; elle manquait rarement d'assister, le dimanche, à la messe d'une heure à Saint-Thomas-d'Aquin; elle allait volontiers aussi *entendre* un sermon de charité, quand elle savait qu'il y aurait nombreuse et brillante réunion dans l'auditoire. Mais sa grande préoccupation, l'affaire qui absorbait tout son temps, c'était sa toilette; elle en faisait ordinairement quatre par jour, sans parler du négligé du matin. En épousant M. le comte d'Ernouville, elle avait espéré d'abord se voir introduire dans les sa-

lons du faubourg Saint-Germain, et elle fut
passablement désappointée quand elle apprit
que son mari avait à peu près rompu ses relations avec le noble faubourg; mais elle s'en
consola bientôt en pensant qu'après tout elle
n'aurait été peut-être accueillie que comme
une parvenue par toutes ces dames si fières
de leur noblesse, tandis qu'elle avait ample-
ment de quoi se dédommager dans les salons
de l'aristocratie financière, où elle tenait naturellement un rang que personne ne son-
geait à lui disputer. Et, de plus, n'était-elle
pas reçue dans toutes les fêtes données par
les ministres et par les hauts fonctionnaires,
et même n'avait-elle pas été plusieurs fois in-
vitée au bal des Tuileries? Certes, il y avait
là de quoi contenter de plus difficiles qu'elle,
et elle eut le bon esprit d'en être satisfaite.
Ajoutons qu'elle avait une loge à l'Opéra et
aux Italiens, qu'elle manquait rarement un
concert et une soirée du grand monde (de
son grand monde à elle), et nous aurons une
idée des occupations sérieuses qui devaient
absorber tout son temps. Mais alors, me direz-

vous, comment pouvait-elle trouver un moment pour se livrer à l'éducation de sa fille?
Oh! elle savait parfaitement s'arranger; car
M<sup>me</sup> d'Ernouville veuve Lourdin était une
femme d'ordre.

D'abord, quand sa fille n'était encore qu'une
enfant et qu'elle n'était pas en âge de paraître
dans le monde, elle avait pris une espèce de
gouvernante chargée de la remplacer et de
l'accompagner à la promenade, à l'église, au
catéchisme, quand elle se disposait à faire
sa première communion, et enfin d'assister
aux leçons des différents maîtres chargés de
lui enseigner tout ce que, dans les idées de sa
mère, une jeune personne bien élevée doit
savoir pour se présenter convenablement
dans le monde. Ainsi il y avait des *maîtres*
d'écriture, de grammaire, d'histoire, de géographie, de littérature, etc., puis des *profes-
seurs* de musique, de danse, de dessin. Les
études sérieuses tenaient peu de place dans
le système d'éducation donnée à M<sup>lle</sup> Adèle
Lourdin; sa mère ne voulait pas en faire une
savante, une pédante, espèce de femmes fort

insuportables dans le monde ; mais elle tenait
à ce qu'elle se distinguât par des talents d'a-
grément qui font toujours briller une jeune
personne dans la société. Elle voulait qu'elle
sût bien danser, se présenter avec grâce dans
un salon, et surtout chanter et jouer du piano
de manière à attirer, à forcer les applaudissements. C'était surtout ce dernier genre de
succès que la mère ambitionnait pour sa fille,
et elle eut la satisfaction de voir Adèle seconder parfaitement ses vues. Appliquée à l'é-
tude du piano dès l'âge le plus tendre, elle y
avait fait des progrès remarquables, grâce
aux soins des excellents maîtres qu'on lui
avait donnés, et grâce aussi à un travail et à
des études assidues de six à huit heures par
jour.

Mᵐᵉ d'Ernouville avait rarement le temps
d'assister aux leçons données à sa fille ; mais
chaque jour, pendant sa toilette, elle se faisait rendre compte de ses travaux et de ses
progrès, et elle lui faisait répéter quelques
études sur le piano. Comme elle avait été elle-
même autrefois d'une certaine force sur cet

instrument, elle donnait encore d'utiles conseils à sa fille, et elle pouvait juger de son
degré d'avancement.

On conçoit que six heures par jour consa-
crées à l'étude d'un seul instrument ne devaient pas permettre à la pauvre enfant de
s'appliquer avec fruit à d'autres études. Aussi,
à seize ans, M^lle Adèle était-elle fort ignorante
en histoire, en littérature, en géographie; les
travaux d'aiguille, qui forment une partie es-
sentielle des connaissances spéciales que doivent acquérir les femmes, lui étaient à peu
près étrangers; elle avait seulement un peu
appris de sa gouvernante à broder et à faire
de la tapisserie, mais si peu, si peu, qu'elle
n'a jamais pu finir un feston ni une paire de
pantoufles. Quant à la couture, elle n'en avait
pas la moindre idée; elle n'était pas capable
de distinguer un ourlet d'un surjet. Mais par
compensation elle dansait à ravir la polka et
la mazurka; elle chantait admirablement la
romance, et, sur le piano, elle pouvait passer
pour une véritable virtuose.

C'était tout ce que demandait sa mère pour

la produire dans le monde. Son talent fut
d'abord remarqué et applaudi des personnes
que M^me d'Ernouville invita à ses soirées ; puis
elle eut d'aussi brillants succès dans quelques
autres réunions où sa mère la conduisit. Celle-
ci était enchantée, ravie ; elle s'applaudissait
de l'éducation qu'elle avait donnée à sa fille ;
elle savourait délicieusement les éloges qu'elle
entendait faire d'Adèle, et tout bas elle se disait : Nous verrons si la petite pensionnaire
du Sacré-Cœur pourra lutter avec ma fille.
L'idée de mettre en contact ces deux jeunes
personnes, afin de faire ressortir l'immense
supériorité que devait nécessairement avoir
Adèle sur une jeune fille élevée dans un couvent de province, entra pour beaucoup dans
le désir qu'elle manifesta de faire revenir
Léonie de sa pension, au moins pour le temps
que son frère resterait à Paris. Nul doute que
MM. d'Ernouville, père et fils, ne fussent frap-
pés de cette différence, et alors ils n'hésite-
raient pas à admettre dans la famille une personne aussi distinguée et aussi capable de lui
faire honneur.

On le voit, Mᵐᵉ Fenouillet, avec cette saga-
cité qui distingue les femmes en général, et
les concierges en particulier, ne s'était pas
trompée dans ses suppositions. Seulement ce
qu'elle ignorait, c'est que les choses étaient
plus avancées qu'elle ne le croyait. Mᵐᵉ d'Ernouville avait depuis longtemps, et par de-
grés, disposé l'esprit de son mari à l'idée
d'unir son fils à sa belle-fille. Elle avait fait
ressortir avec adresse les convenances d'un
pareil mariage, le rapport des âges, de la position sociale, et surtout elle avait fait valoir
la question d'argent, question grave, et qui
ne pouvait manquer de produire son effet sur
un homme lancé dans les grandes affaires industrielles et financières. Or Mˡˡᵉ Adèle, comme
héritière de son père, avait une dot magnifique à apporter en mariage; si elle épousait
un étranger, cette fortune sortirait de la famille; ce gendre étranger pourrait exiger des
comptes sévères de tutelle, comptes auxquels
M. d'Ernouville serait forcé de prendre part
en sa qualité de cotuteur de Mˡˡᵉ Lourdin;
tandis que tous ces embarras seraient évités,

si M. Ernest épousait sa fille. Entraîné par de
si puissantes considérations, M. d'Ernouville
avait déclaré qu'il ne s'opposerait nullement
à ce mariage, qu'il le favoriserait même autant que cela dépendrait de lui, mais que
c'était à son fils de décider la question; qu'il
lui donnerait des conseils à cet égard, mais
qu'il ne pourrait ni entraver ni déterminer sa
volonté.

Mme d'Ernouville se contenta de cette assurance, persuadée qu'un jeune officier comme
M. Ernest ne pourrait résister au triple charme
de la beauté, des talents et de la dot de sa
fille. Cette beauté de Mlle Adèle, dont nous
n'avons encore rien dit, n'avait pourtant rien
de remarquable; elle consistait surtout en une
grande fraîcheur et un certain éclat assez
ordinaire à l'âge de dix-huit ans. C'était
ce qu'on appelle vulgairement la *beauté du
diable*; mais, aux yeux d'une mère aveugle,
c'était une beauté incomparable.

# CHAPITRE III

L'éducation de Léonie. — La commission délicate.

Revenons maintenant à M<sup>lle</sup> Léonie, l'héroïne de notre histoire. Son éducation, comme le disait sa belle-mère, n'avait en rien ressemblé à celle d'Adèle. Sans négliger tout à fait les talents d'agrément, on ne les lui avait enseignés que comme un accessoire, un complément ou plutôt un ornement de l'éducation; mais on s'était attaché avant tout à former son cœur, à y faire pénétrer les grands principes de la religion, base de toutes les vertus chrétiennes et sociales, puis à orner son esprit de connaissances utiles, variées, appropriées à son sexe, à ses goûts et à son âge.

Ses bonnes institutrices avaient eu d'abord de grandes difficultés à vaincre. On se rappelle le caractère turbulent, fantasque, entêté de Léonie pendant son enfance. C'était un terrain couvert de ronces et d'épines qu'il fallait défricher. Une mère, ou ces femmes qui se consacrent par esprit de religion à l'éducation de la jeunesse, pouvait seule entreprendre une pareille tâche. Elles s'y appliquèrent avec cette patience, avec cette douceur qui n'appartiennent qu'aux âmes vouées par devoir à un pareil travail. Enfin, en employant tour à tour, et toujours à propos, la douceur et la fermeté, les récompenses et les punitions, elles parvinrent à extirper les défauts et les vices qui déjà avaient pris racine dans ce jeune cœur. Mais aussi combien elles furent récompensées de leurs peines! Quel sol fécond était caché sous ces plantes parasites! Quelle abondante moisson de ver-

tus elles surent faire produire à cette terre si
longtemps négligée!

Ce fut alors que commença entre le frère
et la sœur cette correspondance qu'Ernest
avait promis à sa mère mourante d'entretenir
avec Léonie. En apprenant l'heureux changement de sa sœur, il lui écrivit pour la féliciter de ce qu'il appelait sa conversion, lui
donner de bons conseils, et lui rappeler les
dernières paroles et la dernière bénédiction
de leur mère à son lit de mort. Cette lettre fit
sur Léonie une profonde impression; elle la
lut et la relut plusieurs fois, et chaque fois
elle versait des larmes abondantes. Elle la
montra à M^me la supérieure, qui lui dit : « Je
vous félicite, mon enfant, d'avoir un frère
rempli de sentiments si nobles, si touchants,
si chrétiens. Il faut vous hâter de lui répondre. — Oh! Madame, je le désirerais bien;
mais je n'oserais. — Et pourquoi, mon enfant? — Parce que je ne sais pas assez bien
l'orthographe, et que mon frère se moque-
rait de moi en lisant ma lettre. — Ce n'est
que cela! Allons, mon enfant, il ne faut pas

qu'un scrupule de cette nature vous arrête.
Écrivez à votre frère, tout simplement, tout
naturellement, comme vous lui parleriez s'il
pouvait vous entendre. Il sera enchanté de
votre lettre, et, s'il y a quelques fautes d'orthographe, il vous les pardonnera facilement.
— Mais, Madame, si vous le vouliez, je vous
ferais voir mon brouillon, vous me corrige-
riez mes fautes, et je recopierais ma lettre au
net. — Non, non, mon enfant, il faut faire ce
petit sacrifice à votre vanité; vous vous pré-
parez à faire votre première communion,
faites cela en esprit de pénitence, et le bon
Dieu vous en tiendra compte. Et puis consi-
dérez que ce serait en quelque sorte mentir à
votre frère, que de lui écrire une lettre qui
ne serait pas entièrement de vous : il sait que
vous n'avez pu faire encore de grands progrès, et il sera indulgent pour votre mauvaise
écriture et pour vos fautes d'orthographe ou
de style. Enfin cette première lettre sera pour
lui un terme de comparaison, et plus tard,
quand vous écrirez plus correctement, il vous
complimentera de vos progrès. »

Léonie se décida donc à écrire, et voici quelques fragments de cette première lettre; seulement, comme nous n'avons à nous òc̄-cuper ici que du fond des pensées, nous en avons corrigé les fautes d'orthographe et de style.

« Je te remercie de tout cœur, mon cher
« Ernest, de la lettre que tu viens de m'é-
« crire. Elle m'a fait grand plaisir, et pour-
« tant elle m'a fait bien pleurer. Mais ne t'en
« inquiète pas : ces larmes-là ne font pas de
« mal. Ce que tu m'as dit de notre mère mou-
« rante m'a surtout bien vivement touchée.
« Oh! que tu es heureux de l'avoir connue,
« cette bonne mère, et que je voudrais bien
« partager ton bonheur! Mais puisque cela
« est impossible, parle-moi d'elle le plus
« souvent que tu pourras.

« Tu me félicites de ma conversion, et tu
« as bien raison; car je ne pense qu'en rou-
« gissant à ce que j'étais autrefois. Grâce à
« Dieu, ce vilain temps est passé comme un
« mauvais rêve, et je voudrais en perdre à
« jamais le souvenir.

« Je me prépare, comme tu le sais, à faire
« bientôt ma première communion. Ce sera
« pour le jeudi 10 juin prochain. Prie Dieu
« pour moi ce jour-là. Je te promets égale-
« ment de ne pas t'oublier dans mes prières,
« non plus que notre pauvre mère. »

Ainsi que l'avait prévu M^me la supérieure,
Ernest, dans sa réponse, parut enchanté de la
lettre de sa sœur; il ne lui fit aucun reproche des fautes légères qui lui étaient échap-
pées; mais il applaudit avec bonheur aux
bons sentiments qu'elle avait témoignés, et il
l'engagea à persévérer, en lui rappelant le
souvenir de leur mère, qui, sans doute admise
maintenant à la présence de Dieu, le priait
pour ses enfants et ne cessait de veiller sur
eux.

Encouragée par les lettres de son frère et
par les bons avis de ses institutrices, Léonie
marcha avec plus d'ardeur dans la nouvelle
voie où elle était entrée. A l'époque de sa
première communion, elle montra une foi si
pure, une piété si vraie, qu'elle édifia ses compagnes et ses maîtresses. Dans les années qui

suivirent, elle se livra avec plus de succès aux
études sérieuses, et elle occupa toujours un
des premiers rangs dans toutes ses classes.
Elle ne négligea pas pour cela son instruction religieuse ; elle suivait avec assiduité les
catéchismes de persévérance, destinés à compléter cette instruction. Elle écoutait avec attention les explications données par d'habiles
et zélés catéchistes sur le dogme, la morale, le
culte de notre sainte religion ; elle prenait des
notes, et faisait avec soin des analyses de ce
qu'elle avait entendu. Ces analyses ou *dili-
gences*, comme on les appelle dans quelques
pensions, étaient soumises à l'examen des catéchistes, et souvent elles obtinrent le cachet
d'honneur. Elle en avait fait un recueil, classé
méthodiquement, et qui formait, quatre ans
après sa première communion, un cours à peu
près complet d'enseignement religieux.

Ce fut à cette époque qu'elle dut quitter sa
retraite par les motifs que nous avons dits.
Elle fut prévenue de cette résolution de sa
famille par une lettre de son frère, qui lui
annonçait son retour prochain en France, et

le désir qu'il avait témoigné de se retrouver
avec elle pendant son séjour à Paris. « On te
« fera sortir de pension, disait-il dans sa
« lettre, probablement quelque temps, un
« mois peut-être à six semaines avant mon
« arrivée. Je ne suis pas fâché que tu fasses
« connaissance avant moi avec notre belle-
« mère et sa fille, car ni toi ni moi nous ne
« les connaissons; à peine si je les ai entre-
« vues dans les courtes apparitions que j'ai
« faites à Paris pendant les dernières années
« que j'ai passées au collége et à l'École mi-
« litaire. Et toi, qui les as quittées à l'âge de
« huit à neuf ans à peine, en as-tu conservé
« le souvenir? Je n'ai pas besoin de te re-
« commander d'avoir pour notre belle-mère
« les égards et les prévenances qui sont dus
« à l'épouse de notre père, et de montrer à
« la fille de celle-ci des dispositions à l'aimer
« comme une amie, comme une sœur même,
« si tu la trouves digne d'une semblable af-
« fection. Je désire que tu me fasses con-
« naître, entre nous deux bien entendu et en
« confidence, la manière dont tu auras été

« accueillie par ces dames, et l'impression
« qu'elles auront faite sur toi. J'ai besoin de
« ces renseignements pour des motifs graves
« que je te ferai connaître plus tard. Je ne
« crains pas de ta part une appréciation ma-
« ligne ni erronée; je connais ton bon cœur,
« et tu m'as donné dans tes lettres des preuves
« de la rectitude de ton jugement qui me ras-
« surent complétement à cet égard. Pour ne
« rien précipiter et te donner le temps d'as-
« seoir ton opinion, ne m'écris que trois se-
« maines au plus tôt après ton arrivée à
« Paris. »

Léonie parut assez embarrassée à la réception de cette lettre; elle alla consulter M^{me} la supérieure, qui depuis son entrée en pension lui
avait toujours montré l'affection d'une mère, et
que de son côté elle aimait avec une véritable
tendresse filiale. « Tenez, ma bonne mère,
lui dit-elle, car elle l'appelait plus souvent
de ce nom que de celui de madame; voyez un
peu la singulière commission que mon frère
me donne; je ne sais vraiment comment faire
pour la remplir, et m'en crois même tout à

fait incapable. Que me conseillez-vous? Je suivrai vos avis, qui m'ont toujours été si salutaires. »

La supérieure lut attentivement la lettre, et, après avoir quelque temps réfléchi, elle répondit à Léonie : « La commission dont vous charge M. votre frère est, en effet, très-délicate; mais c'est aussi une grande preuve de confiance qu'il vous donne, et à laquelle vous êtes tenue de répondre.

— Mais, ma bonne mère, je n'ai pas encore assez d'expérience pour juger les autres; je puis donc me tromper, et par conséquent induire sans le vouloir mon frère en erreur.

— Votre frère vous connaît assez, mon enfant, et il est lui-même doué de trop de raison et de bon sens pour ne pas savoir apprécier à sa juste valeur le jugement que vous porterez, et faire, dans une juste mesure, la part de votre inexpérience.

— Il y a encore autre chose qui m'embarrasse : si, dans cette espèce de compte rendu qu'il me demande, j'étais entraînée à dire des choses peu agréables sur le caractère de ma

belle-mère ou de sa fille, à parler des défauts
que j'aurais remarqués en elles, n'y aurait-il
pas là de la médisance, et ne me rendrais-je
pas coupable de ce vilain péché, contre lequel
vous-même, ma bonne mère, vous avez toujours cherché à nous mettre en garde?

— J'aime à vous voir ce scrupule, ma
chère enfant; il me prouve que nos avertisse-
ments n'ont pas été perdus pour vous, et que
vous avez une juste aversion contre cette
déplorable habitude, malheureusement trop
répandue dans le monde, de médire à tout
propos de son prochain; mais il ne faut pas
confondre cette médisance coupable qui a
pour principe un manque de charité, et qui,
soit par méchanceté, soit même par légèreté,
est toujours préjudiciable à autrui, avec la
révélation que dans certaines circonstances
on est obligé, même en conscience, de faire
des défauts et des qualités de certaines personnes. Ainsi, pour ne vous en citer qu'un
exemple, quand des personnes que cela intéresse sérieusement me demandent mon opinion sur telle ou telle élève de cette maison,

je suis obligée en conscience de dire ce que j'en pense en bien comme en mal, et je ne crois pas pour cela être coupable de médisance. Ainsi, ajouta-t-elle en souriant, si l'on m'eût demandé, il y a cinq ans, ce que je pensais d'une certaine demoiselle Léonie de votre connaissance, j'aurais dit sans hésiter : C'est une enfant turbulente, capricieuse, indocile, incapable d'application, non pas cependant tout à fait incorrigible, mais qui sera difficile à corriger.

— Oh! vous n'auriez dit que la vérité, s'écria en riant Léonie, et le portrait n'est que trop exact. Et aujourd'hui, ma bonne mère, continua-t-elle d'un petit air câlin, si l'on vous adressait la même question, que répondriez-vous?

— Aujourd'hui je répondrais... mais non, reprit en souriant la supérieure, je ne vous le dirai pas, ne serait-ce que pour punir votre petit amour-propre, qui s'attendait à des éloges; seulement j'ajouterais, et ceci je puis bien vous le dire, qu'il lui est resté de ses anciens défauts un grand fonds d'étourderie

et de légèreté, qui, si elle n'y prend garde,
pourrait lui faire commettre des inconsé-
quences fâcheuses.

— Merci, ma bonne mère, de la leçon, répondit en rougissant Léonie, je tâcherai d'en
profiter. Pour en revenir à notre affaire, je
comprends parfaitement que vous êtes tenue
par devoir même à révéler dans certaines circonstances les défauts de vos élèves; mais ma
position, surtout à l'égard de ma belle-mère,
me semble toute différente.

— Je ne vous ai parlé de moi que parce
que cet exemple s'est présenté naturellement
le premier à ma pensée, et que vous pouviez
facilement le comprendre; mais il est une
foule de circonstances dans la vie où la même
obligation peut se présenter pour des personnes placées dans des conditions toutes différentes; ici c'est la conscience et la justice
qui doivent seules nous guider. Ainsi, par
exemple, vous avez renvoyé de votre service
une domestique qui ne vous convenait pas en
raison de certains défauts; la nouvelle maîtresse chez laquelle elle se présente vous de-

mande des renseignements sur le compte de cette fille : ne serez-vous pas tenue en conscience de faire connaître à cette personne les motifs qui vous ont déterminée à la renvoyer? Seulement vous devez le faire avec ménagement, sans récrimination, et en atténuant autant que possible les fautes de cette domestique, sans toutefois blesser la vérité. Un autre exemple, d'un genre différent : une personne est sur le point de faire un traité, dans lequel une partie notable de sa fortune est engagée, avec un individu qu'elle croit solvable; cependant elle a des doutes; elle vous consulte sur la solvabilité de cet individu; or vous savez positivement qu'elle est insuffisante pour garantir un pareil engagement; vous devez alors en avertir celui qui vous consulte, et ne pas le faire serait en quelque sorte vous rendre responsable des pertes qu'aurait éprouvées cette personne par suite de votre discrétion intempestive. Mais, me direz-vous, ces exemples n'ont aucun rapport avec une situation particulière. Cela est vrai jusqu'à un certain point; j'ai

voulu seulement vous montrer que dans la
vie il se présente souvent une foule de cas où
l'on pouvait, où l'on devait même exprimer
nettement son opinion sur le compte de certaines personnes, sans pour cela manquer à
la charité, ni se rendre coupable du vilain
péché de médisance. Sans doute cela demande beaucoup de tact, beaucoup de précaution, pour ne pas transgresser ce précepte
divin qui nous dit : « Ne jugez pas si vous ne
« voulez pas être jugé. » Il faut consulter avec
soin sa conscience, elle seule peut nous éclairer sur ce qu'il convient de taire, sur ce que
l'on doit révéler. Avec ce guide, et en invo-
quant l'assistance de Dieu, on peut être sûr
de ne pas s'égarer. Ainsi, dans la circonstance particulière qui vous concerne, votre
frère, jeune homme grave et pieux, doué
d'une haute raison et d'une sagesse remarquable pour son âge, vous demande de lui
rendre compte de l'impression qu'auront produite sur vous votre belle-mère et sa fille,
après un certain temps de séjour auprès
d'elles. Vous devez considérer d'abord que ce

frère, qui jusqu'ici ne vous a jamais donné
que les conseils les plus salutaires, n'est pas
capable aujourd'hui de vous engager à commettre une action qui blesse en rien la charité
ou alarme votre conscience. Ce n'est pas lé-
gèrement, et pour satisfaire une vaine curio-
sité, qu'il vous charge de cette commission
délicate ; c'est pour des raisons graves et sérieuses qu'il se réserve de vous faire connaître
plus tard. Ainsi un puissant intérêt pour votre
frère paraît attaché à la demande qu'il vous
adresse ; je ne sais pas quel est cet intérêt
(elle ne le savait pas, mais je crois qu'elle s'en
doutait) ; il est possible qu'il exerce une
grande influence sur son avenir, et si, par
un scrupule déplacé, vous ne répondiez pas
à ce qu'il attend de vous, vous auriez peut-
être plus tard à vous reprocher de lui avoir
causé indirectement un préjudice grave, sinon
même un malheur irréparable. Enfin une
considération importante est à noter : il vous
demande une communication toute confiden-
tielle ; ainsi ce que vous pourrez lui dire restera un secret entre vous deux, et n'aura

jamais, dans aucun cas, un des plus dangereux caractères de la médisance, celui de s'étendre, de se propager et de répandre au loin ses perfides récriminations.

« Cependant tout ce que je viens de vous dire, mon enfant, ne doit pas vous empêcher d'apporter dans cette affaire la plus grande réserve et une extrême prudence. Défiez-vous de tout esprit de partialité, de jalousie, de dénigrement. Vous n'avez pas eu jusqu'ici à vous louer de votre belle-mère, je le sais ; mais elle-même avait-elle bien à se louer de vous, quand vous la faisiez enrager du matin au soir ? Vous étiez alors une enfant, cela est vrai ; aujourd'hui que vous êtes une grande fille, vous avez changé, c'est encore vrai. Mais qui vous dit qu'elle n'a pas changé aussi de sentiments à votre égard ? Cet empressement qu'elle montre à vous avoir aujourd'hui auprès d'elle, après vous en avoir tenue éloignée si longtemps, n'en serait-il pas une preuve ? Réfléchissez mûrement à ce que je viens de vous dire, et réglez votre conduite d'après ces considérations. Quand vous serez

réunie à votre belle-mère et à sa fille, ne
vous laissez pas aller trop facilement aux
premières impressions fâcheuses que vous
pourriez éprouver. Attendez, pour asseoir
votre jugement, que la réflexion et des raisons graves l'aient mûri. Quand vous voudrez
écrire à votre frère, si ce que vous aurez à
lui dire n'était pas de nature à lui donner une
opinion favorable des personnes sur lesquelles
il vous demande des renseignements, avant
de prendre la plume, humiliez-vous devant
Dieu, confessez-lui vos propres fautes, de-
mandez-lui-en pardon, priez-le de mettre
dans votre cœur son esprit de douceur et de
charité; puis consultez votre conscience : elle
vous dictera elle-même ce que vous aurez à
dire. Alors vous raconterez naïvement, sin-
cèrement, sans fiel et sans aigreur, ce que
vous croirez devoir rapporter à votre frère
pour l'éclairer. Vous n'éprouverez dans votre
cœur ni trouble ni remords, et vous ressen-
tirez, au contraire, la joie que cause toujours
l'accomplissement d'un devoir. Rappelez-vous,
mon enfant, et c'est par où je termine, que

dans toutes les circonstances de la vie l'essen-
tiel est d'être en paix avec sa conscience :
dans les actions les plus simples, comme dans
les plus délicates, dans le genre, par exemple,
de celle qui nous occupe en ce moment, consultez toujours et avant tout votre conscience :
si elle vous dit d'agir, agissez; si elle vous dit
de vous abstenir, abstenez-vous. Après cela,
ne craignez rien, et abandonnez-vous avec
confiance à la miséricorde de Dieu. »

# CHAPITRE IV

Retour de Léonie à la maison paternelle.

Quelques jours après cette conversation, Léonie partit pour Paris. Elle fut accueillie par M$^{me}$ d'Ernouville avec des démonstrations de joie bruyantes, trop bruyantes même pour ne pas être exagérées. Adèle était moins démonstrative que sa mère; mais elle ne se montra pas moins empressée auprès de celle qu'elle n'osait pas appeler sa sœur, et qu'elle appelait timidement Mademoiselle. Un certain embarras se manifesta d'abord entre les deux jeunes personnes; mais Léonie, avec sa franchise et sa gaieté habituelles, eut bientôt rompu la glace. « Appelez-moi simplement Léonie, lui dit-elle, comme moi je vous appellerai Adèle; l'alliance qui unit mon père et votre mère ne nous permet pas de nous traiter entre nous de Mademoiselle, comme si nous étions des étrangères. De ce moment il y eut plus d'aisance et de familiarité entre les deux jeunes personnes, et M$^{me}$ d'Ernouville, de son côté, fut enchantée quand elle apprit, de la bouche de sa fille, ce qu'avait dit Léonie.

Mais l'accueil qui combla de joie le cœur de Léonie fut celui qu'elle reçut de son père. Elle regardait comme froideur, ou tout au moins indifférence de sa part, l'esprit d'abandon dans lequel il l'avait laissée depuis sept ans qu'elle avait quitté la maison paternelle. Elle ne se doutait pas, la pauvre enfant, que les grandes spéculations financières, ce qu'on appelle les affaires d'argent, ont trop souvent pour effet d'atrophier le cœur et de rendre inaccessible aux plus doux

sentiments de la nature. Elle craignait parfois, et cette pensée l'avait souvent tour-
mentée, qu'Adèle ne l'eût remplacée dans le
cœur de son père, et cette pensée avait plus
d'une fois fait naître dans son esprit des idées
de jalousie, que la mère supérieure, pour
qui elle n'avait rien de caché, s'était efforcée
d'effacer. Il n'en était rien pourtant; M. d'Ernouville, tout préoccupé de ses graves affaires, faisait à peine attention à Adèle; il
n'avait pas non plus oublié sa fille; mais il ne
se la rappelait, quand il y pensait, que comme
un enfant tapageur qui mettait tout sens dessus dessous dans la maison, qui parfois l'é-
gayait de son rire franc et joyeux et de ses
saillies spirituelles, mais qui le plus souvent
troublait les instants de repos qu'il venait
chercher dans son intérieur. Aussi parut-il
surpris et presque émerveillé quand à la place
de l'enfant tracassier il vit s'avancer au-de-
vant de lui une jeune personne charmante,
au maintien modeste et gracieux, au regard
doux et spirituel, véritable portrait de sa
mère, qu'il avait tant aimée. A cette vue, son

4

cœur se dilata et éprouva une de ces émotions
qui lui étaient depuis longtemps inconnues ; il
tendit les bras à sa fille, qui s'y précipita en
disant : « O mon père, que je suis heureuse
de vous revoir ! » Et des larmes d'attendris-
sement et de bonheur coulaient de ses yeux.
Le père n'était guère moins attendri ; mais,
pour cacher son émotion, qu'il regardait sans
doute comme une faiblesse, il se retourna
vers sa femme, qui assistait à cette scène, et
lui dit : « Mais voyez donc comme elle a
grandi, cette petite fille, ce lutin qui nous a
donné tant de tourment. Je crois, ma foi,
qu'elle est plus grande qu'Adèle... Mais oui,
ajouta-t-il après avoir fait approcher Léonie
de sa belle-fille, elle a au moins deux pouces
de plus, et cependant elle a deux ans de
moins. — Oh ! permettez, reprit M^{me} d'Ernouville, dix-huit mois au plus : Adèle n'a
pas encore dix-huit ans, et Léonie a seize ans
et demi passés. — Mettons dix-huit mois, et
n'en parlons plus ; mais Léonie grandira encore, et Adèle ne grandira plus. — Cela n'est
pas bien certain, répliqua sa femme d'un ton

aigre-doux ; on a vu des jeunes personnes
grandir jusqu'à vingt et un ans. D'ailleurs je
n'y tiens pas, Adèle est d'une taille convenable et bien proportionnée ; une femme trop
grande a rarement bonne grâce. » Et en disant ces mots elle jetait un coup d'œil sur
Léonie, comme si elle eût voulu la désigner
comme une preuve de cette assertion. « Bah !
ne discutons pas là-dessus, dit pour en finir
M. d'Ernouville, cela n'en vaut pas la peine. »
En ce moment, le maître d'hôtel vint annoncer que Madame était servie, et cette annonce
mit fin à la discussion.

Pendant le repas, M. d'Ernouville s'occupa
beaucoup de Léonie, lui fit de nombreuses
questions sur ses travaux, ses études, ses progrès, et il parut enchanté de ses réponses.
Mme d'Ernouville montra aussi beaucoup de
prévenance pour sa belle-fille ; elle lui adressa
aussi quelques questions sur ses occupations
au couvent, et particulièrement sur ses progrès en musique. « Oh ! j'avoue, répondit
naïvement Léonie, que mes connaissances en
musique se réduisent à fort peu de chose ; je

déchiffre assez péniblement les morceaux les moins difficiles, et je sais un peu m'accompagner en chantant, voilà tout. — En ce cas, vous vous perfectionnerez ici : Adèle vous donnera des leçons, car elle est d'une force supérieure. Mais comment se fait-il qu'à votre pension vous n'ayez pas fait plus de progrès dans cette partie de vos études? — C'est parce que je ne pouvais guère y consacrer qu'une demi-heure, une heure au plus par jour, et je ne recevais de leçons que trois fois par semaine. » A cette explication, M<sup>me</sup> d'Ernouville haussa imperceptiblement les épaules, et jeta à sa fille un coup d'œil significatif qu'on pourrait traduire ainsi : « Quelle pauvre éducation elle a reçue! comme ma fille va briller à côté d'elle! »

Après dîner, quelques personnes de la société intime de M. et de M<sup>me</sup> d'Ernouville vinrent passer la soirée. Il y avait un chef de division et le secrétaire particulier d'un ministre, un député avec sa femme et ses deux filles, le directeur d'une administration de chemin de fer et sa femme, et enfin M. Anatole Lourdin, neveu de M. Lourdin, le premier mari de M^{me} d'Ernouville. C'était un jeune homme de vingt-cinq ans, qui continuait, en société avec son père, beau-frère de M^{me} d'Ernouville, de tenir la maison de banque connue autrefois sous la raison sociale Lourdin frères et C^{ie}, et qui, après la mort du père d'Adèle, avait modifié ce nom en celui de Lourdin père, fils et C^{ie}. M. Anatole était donc le cousin de M^{lle} Adèle, et bon nombre de personnes supposaient qu'un mariage viendrait bientôt resserrer encore le lien de parenté qui les unissait déjà. Mais M^{me} d'Ernouville avait d'autres vues, que nous connaissons déjà, et, depuis le retour de Léonie, elle avait encore formé un nouveau projet : c'était d'unir celle-ci à son neveu Anatole.

Léonie fut présentée par sa belle-mère aux différentes personnes que nous avons nommées et à quelques autres qui vinrent un peu plus tard compléter la petite réunion, dont le nombre ne s'éleva guère qu'à une vingtaine de personnes en tout. Nous n'avons pas besoin de dire que tout le monde adressa à

M<sup>lle</sup> d'Ernouville des compliments et des féli-
citations plus ou moins sincères, plus ou
moins spirituels, et que nous nous dispense-
rons de rapporter. Cependant nous dirons
qu'elle obtint en général ce qu'on peut appeler un succès réel. Sans être d'une beauté
parfaite, Léonie avait les traits fins et régu-
liers, des mains petites et effilées, et dans
l'ensemble de sa personne on remarquait un
cachet de distinction qui faisait un contraste
frappant avec la vulgarité des traits et de la
tournure d'Adèle. On la trouvait bien un peu
maigre ; mais on comprenait facilement que
ce défaut ne tarderait pas à disparaître avec
l'âge, ainsi qu'un petit air enfantin qu'elle
avait encore conservé.

Après quelques instants de conversation
générale, M<sup>me</sup> d'Ernouville proposa de faire
de la musique. Elle invita M<sup>lles</sup> de Boisnoury
(c'était le nom des filles du député) à chanter un duo délicieux qu'elle avait déjà eu le
plaisir d'entendre une fois, et que pour cela
elle serait heureuse d'entendre une seconde.
Ces demoiselles ne se firent pas prier ; elles

chantèrent avec goût, avec méthode, un duo
d'Auber, et reçurent de justes applaudissements. Deux autres jeunes personnes leur
succédèrent avec un succès à peu près égal.
Alors une voix se hasarda à dire que c'était
le tour de M<sup>lle</sup> Léonie ; aussitôt tout le monde,
faisant écho, pria M<sup>lle</sup> d'Ernouville de vouloir
bien se faire entendre.

Léonie rougit, et tourna vers sa belle-mère
des yeux suppliants comme pour la prier de
l'excuser auprès de la société. M<sup>me</sup> d'Ernouville ne parut pas la comprendre, et elle lui
dit d'un ton de voix caressant, et comme pour
l'encourager : « Allons, mon enfant, n'ayez
pas de fausse honte ; ces dames et ces messieurs sont indulgents ; ils savent bien qu'en
province vous n'avez pas pu recevoir les leçons des grands maîtres de Paris ; mais vous
en savez assez pour pouvoir vous accompagner sur le piano ; chantez-nous n'importe
quoi, ce qui vous viendra à l'idée, et soyez
persuadée qu'on vous tiendra compte de votre
complaisance. » Ainsi mise en demeure, Léonie n'osa reculer ; elle prit bravement son

parti, alla s'asseoir en rougissant devant le
piano, et, après un léger prélude, elle chanta
cette chansonnette assez connue aujourd'hui,
mais qui était alors dans sa nouveauté, et
dont le titre est *les Oiseaux de Notre-Dame*.
Sa voix manquait de méthode ; mais elle était
juste, sonore et d'une admirable pureté. Après
avoir montré un peu de timidité dans le premier couplet, elle s'enhardit au second, donna
plus de développement à sa voix, et surtout
une expression plus touchante et plus sym-
pathique qui lui valut de sincères et chaleu-
reux applaudissements.

Vint enfin le tour de M<sup>lle</sup> Adèle. C'était le
bouquet que M<sup>me</sup> d'Ernouville réservait à ses
visiteurs. La jeune personne s'approcha du
piano avec cette assurance qu'on éprouve en
abordant une vieille connaissance. Après un
brillant prélude, qui passa pour une impro-
visation, mais qui était une étude depuis
longtemps préparée, elle aborda plusieurs
morceaux des grands maîtres, qu'elle rendit, il
faut en convenir, avec une rare perfection. Les
difficultés les plus ardues semblaient des jeux

pour elle, et elle en triomphait avec autant de souplesse que de force. Puis elle chanta la romance de *Guillaume Tell*, le boléro des *Vêpres siciliennes*, et elle termina par quelques grands airs d'opéras italiens. Un tonnerre d'applaudissements l'accueillit à chaque reprise, et redoubla quand elle eut terminé. « Jamais, disait le chef de division, la Malibran ni la Pasta n'avaient mieux chanté. » Pour Léonie, elle était transportée, éblouie : jamais elle n'avait vu deux mains parcourir le clavier d'un piano avec ce moelleux, cette rapidité, cette élasticité. Aussi applaudissait-elle de bon cœur, et peut-être de meilleure foi qu'aucun des assistants. Quand Adèle revint prendre sa place à côté d'elle, Léonie l'embrassa et lui dit avec naïveté : « Quel beau talent vous avez! Vous m'avez tellement émerveillée, que je ne sais plus où j'en suis. »

Mme d'Ernouville jouissait avec un orgueil mal contenu du triomphe de sa fille. Elle s'était attendu que Léonie aurait témoigné quelque dépit de son infériorité, et montré

4*

quelque jalousie des applaudissements donnés à Adèle ; mais, quand elle vit son enthousiasme naïf qui se manifestait par des bravos
et des applaudissements d'une franchise non
douteuse, elle lui sut gré de ces démonstrations, et commença à concevoir une meilleure
opinion sur son compte qu'elle ne l'avait fait
jusque-là.

Après avoir entendu M<sup>lle</sup> Adèle, personne,
comme on le pense bien, ne songea plus à
faire preuve de talent musical. On organisa
des tables de jeu. Des parties de whist, d'é-
carté et d'autres jeux s'engagèrent, et le
reste de la soirée se passa sans incident.

————

# CHAPITRE V

Lettre-journal de Léonie à son frère.

Pour mettre nos jeunes lectrices au courant de ce qui se passa pendant le premier mois du séjour de Léonie dans la maison paternelle, nous ne saurions mieux faire que de reproduire les principaux passages de la lettre ou plutôt de l'espèce de journal confidentiel qu'elle écrivit à son frère, comme il le lui avait demandé.

Elle commençait par rendre compte de son arrivée à Paris, de la réception qu'on lui avait faite et de la soirée dont nous avons parlé dans le chapitre précédent. Puis

il y avait une lacune de cinq jours, et elle
continuait ainsi :

« Depuis mon arrivée, mon cher Ernest,
je n'ai eu encore qu'un instant de liberté
dont j'ai profité pour t'écrire ce qui précède.
Aujourd'hui mon père, ma belle-mère et sa
fille assistent à un grand dîner qui sera suivi
d'un bal où l'on passera une partie de la
nuit. J'ai témoigné le désir d'être dispensée
de cette fête, qui serait pour moi une véritable corvée. Ma belle-mère voulait à toute
force m'y mener; mais, sur mes instances,
papa a décidé que je serais libre. J'ai re-
mercié et embrassé ce bon père, et maintenant me voilà seule à causer avec toi, ce
qui m'est mille fois plus agréable que leur
soirée du grand monde.

« Quand je te dis que depuis mon arrivée
ici je n'ai pas eu encore un instant à moi,
tu vas peut-être penser que mon temps a été
employé à de graves et sérieuses occupations. Eh bien, pas du tout; depuis huit

jours, je ne sais ni comme je vis ni comme
le temps se passe. Au couvent on se levait
de bonne heure, la journée était réglée avec
précision; pas une heure, pas une minute
n'était perdue; et je trouvais encore, quand
je voulais, le temps de t'écrire ou de prendre
quelque récréation. Ici on se lève tard,
parce que l'on se couche bien avant dans la
nuit, et quand le soir arrive, il semble que
l'on vient seulement de se lever.

« Le lendemain de mon arrivée, je
m'étais levée de bonne heure, selon mon
habitude; mais tout le monde était encore
au lit. Les domestiques mêmes étaient cou-
chés, et je fus obligée de prier la bonne
M$^{me}$ Gérard, notre ancienne femme de
charge, de m'aider à m'habiller. Je désirais
aller à la messe; mais il n'y avait personne
pour m'accompagner, et il fallut me résigner
à prier Dieu dans ma chambre. Cependant,
vers huit heures et demie, j'entendis les sons
du piano. Bon! me dis-je, Adèle est levée;
je vais aller la trouver; mais, au moment où
je me disposais à sortir de ma chambre,

une des femmes de chambre de ma belle-
mère entra pour m'offrir ses services; je la
remerciai en lui disant que M<sup>me</sup> Gérard avait
eu la complaisance d'agrafer ma robe, et
que j'allais maintenant rejoindre Adèle,
dont j'entendais le piano. « Ah! gardez-
vous-en bien, me répondit-elle; M<sup>lle</sup> Adèle
étudie en ce moment, et il est expressément
défendu de la déranger. — Eh bien, j'irai
quand elle aura fini : combien de temps
dure cette étude? — Quatre heures, de huit
heures à midi; puis, après le déjeuner vient
le maître de musique vocale, dont la leçon
dure une heure, puis le professeur de
piano, qui reste autant de temps. »

Oh! que je la plains! me dis-je en moi-
même quand la camériste fut partie; hier
soir j'étais émerveillée de son talent; je
regrettais de ne pas en posséder un semblable; mais s'il me fallait l'acquérir à ce
prix, j'aimerais mieux ne jamais poser la
main sur un clavier. Je comprends que si
c'est pour en faire son état, pour gagner sa
vie comme professeur ou comme artiste,

on sacrifie six heures et même huit heures
de sa journée à croquer des notes; mais
pour acquérir simplement un talent d'agrément, pour obtenir quelques applaudissements de salon, perdre un temps si pré-
cieux, voilà ce que je ne conçois pas. Tu
penses bien que j'ai gardé ces réflexions
pour moi, et que je ne me suis pas avisée
de les communiquer à qui que ce soit.

« Enfin, vers les onze heures et demie,
je fus admise à saluer ma belle-mère. Elle
était à sa toilette, et deux femmes de
chambre étaient occupées à cette importante
opération. Elle m'accueillit avec encore
plus de bienveillance que la veille, et me
dit : « Mon enfant, vous ne pouvez rester
« plus longtemps avec ces habits de pen-
« sionnaire. Après déjeuner, nous irons vous
« acheter les étoffes nécessaires pour vous
« vêtir convenablement. »

« En effet, aussitôt après le déjeuner,
nous sommes montées en voiture, et nous
avons visité les principaux magasins de Paris, le Petit-Saint-Thomas, le Louvre, la

Ville-de-Paris, les Villes-de-France, et d'autres que j'oublie. Ce premier jour nous n'a-
vons fait, ou plutôt ma belle-mère n'a fait
que voir des étoffes, en faire déplier des
monceaux, se faire donner des échantillons,
sans rien acheter. Le lendemain nous avons
recommencé, mais cette fois on a fait quelques emplettes; le troisième jour, nouvelles courses pour porter les étoffes chez
les couturières, prendre mesure des robes,
et discuter longuement sur la forme à leur
donner d'après le dernier numéro du journal des modes. Puis il a fallu aller commander des chapeaux, affaire non moins
importante que les robes, et qui entraînait
de non moins longues discussions.

« Ce n'est qu'au bout de cinq jours que
j'ai été enfin vêtue convenablement, au dire
de ma belle-mère, pour pouvoir être présentée dans une soirée, où, par paren-
thèse, je me suis ennuyée à en être presque
suffoquée. Hier on m'a menée aux Italiens. J'avoue que la musique m'a fait infi-
niment de plaisir; quant au poëme, je ne

pourrais pas en juger, n'en ayant pas compris un mot. Mais le chant est réellement admirable. En entendant ces cantatrices brillantes, ces *dive*, comme les *dilettanti* les appellent, je pensais à Adèle, qui, malgré tous ses efforts, est encore aussi loin d'atteindre ces talents hors ligne que moi je suis loin d'arriver au sien; et, quand elle y parviendrait, je me le demande encore une fois, à quoi bon?

« Avant-hier, mon père a voulu me conduire au Théâtre-Français; ma belle-mère a préféré aller à l'Opéra, disant qu'elle n'aime pas la tragédie. On jouait *Polyeucte*. J'ai été profondément émue à la représentation de ce chef-d'œuvre chrétien du grand Corneille. J'en avais appris par cœur quelques passages dans le cours de littérature qu'on nous faisait au Sacré-Cœur; mais je n'ai jamais si bien senti la sublimité de cette poésie, malgré la vieillesse du langage, qu'en l'entendant prononcer avec cette âme et cette intelligence qui distinguent les artistes de la Comédie française. Rien, par

exemple, ne m'a paru plus admirable que
cette apologie des chrétiens dans la bouche
de Sévère, qui, tout païen qu'il est, recon-
naît que l'avenir du monde appartient au
christianisme. Et quand son beau-père, le
gouverneur Félix, presse à plusieurs re-
prises Polyeucte d'adorer les faux dieux, et
que chaque fois celui-ci répond simplement :
« Je suis chrétien, » un frisson me parcou-
rut le corps, et je sentis mes larmes près de
couler.

« C'est de toutes les distractions qu'on a
voulu me procurer celle qui m'a le plus inté-
ressée. Dans tout cela, comme je te le disais
en commençant, je ne sais pas comment le
temps se passe. On l'use, on le tue; mais on
ne l'emploie pas.

« Du 15 novembre.

« Ma belle-mère continue à être pour moi
pleine de prévenances; quelquefois même elle
en est fatigante. Quant à Adèle, j'avais espéré
trouver en elle une compagne avec qui j'aurais pu causer; malheureusement la musique

absorbe tous ses instants, et dans les quelques moments que j'ai pu me trouver seule
avec elle, je me suis aperçue que si on ne
lui parlait pas solfége, cantate, ariettes ou
concerto, elle ne sait que répondre, sa conversation devient embarrassée et d'une nul-
lité complète.

« A propos, j'allais oublier de te raconter
deux petits incidents qui cependant valent
la peine d'être cités. Il y a quelques jours,
nous étions tous à table pour déjeuner. C'é-
tait un vendredi; on n'avait servi que du
gras. Ma belle-mère s'aperçut que je ne tou-
chais pas à une côtelette qu'on m'avait servie,
et que je mangeais mon pain avec du beurre
de l'un des plats de hors-d'œuvre. « Qu'avez-
vous donc, mon enfant? me dit-elle de son
ton le plus affable. Pourquoi ne mangez-vous
pas? Vous n'avez donc pas d'appétit? Êtes-
vous malade? — Non, Madame, répondis-je;
mais j'ai l'habitude de faire maigre le vendredi et le samedi, et, comme il n'y a que
du gras sur la table, je mangerai du pain et
du beurre, cela me suffira pour mon déjeu-

ner. » Elle rougit, et donna ordre au maître
d'hôtel d'aller commander sur-le-champ quelques plats de maigre à la cuisine. Mon père
intervint avec un peu d'humeur et dit : « Je
ne conçois pas qu'on n'ait point pensé à cela;
j'entends que dorénavant on serve maigre les
jours d'abstinence, sauf quelques plats gras
pour ceux que le maigre incommode. »
Depuis ce jour-là, le maigre domine à tous les
repas les vendredis et samedis, et ce qu'il y a
de remarquable, ma belle-mère et sa fille
ne touchent plus aux plats gras que l'on sert
ces jours-là.

« Voici l'autre incident dont je voulais te
parler. Dimanche dernier, je témoignai le
désir d'aller à la messe. Je n'avais pas pu,
bien malgré moi, y aller de toute la semaine,
et j'aurais été au désespoir d'y manquer ce
jour-là. Ma belle mère me dit qu'elle se ferait
un plaisir de m'accompagner avec Adèle;
j'aurais bien voulu aller à la grand'messe;
mais elle me fit observer que c'était trop matin
pour elle (à dix heures et demie), puis que
cet office était trop long, et que nous irions

à midi et demi ou une heure. Il fallut bien en passer par là. Enfin, après deux heures de toilette, pendant lesquelles ma patience fut mise à de rudes épreuves, on monta en voiture à une heure moins cinq minutes, et nous arrivâmes à Saint-Thomas-d'Aquin au moment où le prêtre montait à l'autel. La messe fut si courte, qu'à peine eus-je le temps de finir mes prières quand il fallut partir. En rentrant à la maison, le déjeuner était servi, et mon père nous attendait pour se mettre à table. « Vous venez de la messe, Mesdames? nous dit-il, c'est très-bien; mais il faudrait tâcher d'y aller un peu plus tôt pour ne pas retarder le déjeuner. — C'est bien aisé à dire, répondit ma belle-mère, pour vous autres messieurs à qui il ne faut qu'un quart d'heure pour faire votre toilette; mais nous, c'est bien différent : nous ne pouvons pas nous présenter fagotées ridiculement dans une église où se réunit une société d'élite et toujours mise avec un goût distingué. As-tu remarqué, Adèle, ajouta-t-elle en s'adressant à sa fille, quel délicieux chapeau de velours avait M<sup>me</sup> la baronne

de C***, qui était à quelques pas devant nous?
— Oui, maman, et j'ai remarqué aussi la belle
plume d'autruche qui ornait le chapeau. —
Oh! la plume pouvait être de meilleur goût
et surtout mieux placée. Et les trois demoiselles de R*** avec leur robe de moire antique
et leurs manteaux d'hermine, qu'en dis-tu?
— C'était fort beau ; seulement je n'aime pas
cette espèce de toque à l'espagnole qu'elles
ont pour coiffure; je trouve qu'elle ne va pas
à leurs figures, surtout à celle de l'aînée. —
Tu as raison ; mais une toilette irréprochable,
c'était sans contredit celle de la jeune vicomtesse de L*** avec son manteau de soie garni
de fourrures... Vous avez dû la remarquer,
ajouta ma belle-mère en m'adressant la parole
— Je vous avoue que je n'y ai pas fait attention, répondis-je. — Elle était pourtant tout
près de vous, et précisément elle était placée
entre deux dames si ridiculement mises, que
cela faisait encore mieux ressortir la charmante toilette de M$^{me}$ de L***. — Ma foi, Madame, je n'ai vu ni M$^{me}$ de L*** ni ses deux
voisines. — Mais vous avez dû remarquer au

moins la baronne de C\*\*\* et les demoiselles
de R\*\*\*, dont nous parlions tout à l'heure ?
— Pas davantage. — C'est singulier : où
aviez-vous donc l'esprit, que vous n'ayez pas
aperçu ce qui sautait aux yeux de tout le
monde ? — Mon Dieu, Madame, ai-je répondu
simplement, une fois à l'église, je n'ai fait que
prier Dieu, et je ne me suis pas occupée
d'autre chose. » A cette réponse, mon père
sourit et me regarda d'un air approbateur ;
ma belle-mère se pinça les lèvres et ne dit
mot. On se mit à table, et il ne fut plus question de la messe ni des toilettes de Saint-
Thomas-d'Aquin.

« Du 20 novembre.

« Décidément nous ne pouvons pas nous
comprendre ces dames et moi ; ce n'est pas
étonnant, nous ne parlons pas la même langue.
Fatiguée du genre de vie qu'on me fait
mener depuis quelque temps, j'ai exprimé
l'autre jour à ma belle-mère le désir de me
reposer un peu, de me recueillir, de rentrer

en moi-même, et de me livrer, au moins
pendant le temps de l'avent qui va s'ouvrir,
à quelques exercices de piété, afin de me
préparer à célébrer dignement le saint jour
de Noël. Elle m'a écoutée avec un air d'éton-
nement, je dirais presque de stupéfaction,
comme si je me fusse exprimée dans un langage étranger. Elle m'a fait répéter une seconde fois ce que je venais de lui dire, et j'ai
vu qu'elle ne comprenait pas un mot de ce que
j'entendais en parlant de rentrer en moi-même
et de me recueillir. Tout ce qu'elle a compris,
c'est que je voulais me préparer à la fête de
Noël, et elle m'a répondu : Vous vous y prenez de bonne heure; il y a encore plus d'un
mois d'ici que cette fête arrive, et je ne
croyais pas qu'il fallût tant de temps pour s'y
préparer. Mais nous non plus, reprit Adèle,
nous ne manquons jamais de solenniser Noël.
Te rappelles-tu, maman, le charmant réveillon
que Mᵐᵉ de Fayolle nous a donné l'an passé, et
les jolies variations que j'ai exécutées sur son
harmonium, sur des motifs tirés des airs de
cantiques? C'était charmant, et cependant je

n'avais pas mis plus d'un jour ou deux à les étudier. »

« Que pouvais-je répondre à cela? Je gardai le silence; car je m'aperçus que nous jouions aux propos interrompus. Je parlais de préparation pour sanctifier la fête de Noël, et l'on me répondait réveillon et airs variés sur l'harmonium. Je me suis décidée alors à aller trouver mon père, et à lui présenter ma requête. Lui, il m'a parfaitement comprise, et il m'a dit : « Ma chère Léonie, j'entends que tu sois parfaitement libre de te livrer à tes exercices religieux, de suivre les offices et les sermons de la paroisse autant que cela pourra te convenir. Si tu ne te soucies plus d'aller dans le monde, tu en es complétement la maîtresse; moi-même je n'étais pas trop partisan qu'on t'y introduisît déjà, je te trouvais encore trop jeune; mais ta belle-mère a prétendu que ce serait pour toi une grande distraction, et que tu ne demandais pas mieux que d'y aller. Mais dès l'instant que cela ne te convient pas, n'en parlons plus. » Puis, après un instant de réflexion, il a ajouté en poussant un profond

5

soupir : « Ta mère était comme cela, elle avait les mêmes goûts que tu montres pour les exercices de piété, la même aversion pour les plaisirs du monde. Je ne suis pas fâché de retrouver en toi ce trait de ressemblance de plus avec la femme la plus vertueuse, la plus digne d'être aimée que j'aie connue en toute ma vie. »

« Oh ! mon frère, tu ne saurais t'imaginer quel bonheur j'ai ressenti en entendant mon père parler ainsi de notre mère, et me dire qu'il me trouvait avec elle plusieurs traits de ressemblance !

« Je le remerciai de tout cœur de tant de bonté pour moi ; puis je le priai, puisqu'il était si bien disposé, de m'aider à lever un obstacle pour l'exécution de mes projets. Je ne pouvais pas aller seule à l'église, et je ne voyais dans la maison personne qui pût m'y accompagner chaque fois que je voudrais m'y rendre et y rester pendant toute la durée des offices. Ainsi donc, pour que je pusse jouir de cette liberté qu'il m'accordait de remplir mes devoirs religieux comme je l'entendrais, il fallait qu'il eût encore la bonté de me trouver

quelqu'un pour m'accompagner. Il entra parfaitement dans mes vues, et me dit qu'il
croyait avoir trouvé ce qui me convenait. C'est
une jeune fille très-pieuse et bien élevée,
dont lui a déjà parlé M^me Gérard, la femme de
charge, dans la prévision que je pourrais en
avoir besoin ; il n'avait répondu que condi-
tionnellement, mais maintenant il allait donner ordre à la femme de charge de la faire
venir le plus tôt possible.

« Cette fille est arrivée effectivement il y a
deux jours. Elle se nomme Claudine ; elle me
paraît un excellent sujet. Elle se montre enchantée d'être à mon service, et moi je suis
très-contente d'elle jusqu'à présent.

Du 30 novembre.

« Encore un retard de dix jours dans ton
arrivée ! mais enfin cette fois ce sera le dernier,
puisque tu nous en donnes l'assurance positive.
Dans tous les cas, je fermerai ma lettre aujour-
d'hui et je t'expédierai tout mon fatras à Mar-
seille, *poste restante*, où tu le trouveras en
débarquant.

« Rien de nouveau depuis ma dernière date. Je vis tout à fait retirée, et ma belle-mère ne me propose plus de l'accompagner dans le monde, ce qui me cause un véritable plaisir. Seulement, quand il y a réception à la maison, je ne puis me dispenser de paraître au salon, et de subir encore une heure ou deux de roulades, de vocalises et de tours de force exécutés sur le piano.

« Il y a dans ces réunions quelques jeunes personnes qui sont fort aimables et avec lesquelles j'ai du plaisir à causer, entre autres M$^{lles}$ de Boisnoury, filles d'un député. Adèle veut quelquefois se mêler à la conversation; mais comme nous ne parlons ni musique, ni bals, ni toilette, la pauvre enfant est toute dépaysée et ne trouve pas l'occasion de placer un mot. Puisque tu m'as demandé de te communiquer l'impression qu'elle et sa mère auraient produite sur moi après un certain temps de séjour avec elles, je vais essayer de te satisfaire.

« Adèle est ce qu'on peut appeler une bonne personne; je ne lui crois pas l'ombre de malice,

encore moins de méchanceté; elle est extrê-
mement soumise à sa mère, ne voit que par ses
eux, n'entend que par ses oreilles, et tremble
de dire un mot, de faire un geste qui lui dé-
plaise. En cela sans doute elle est digne d'éloges;
seulement il est malheureux que la mère n'ait
pas profité de l'ascendant qu'elle exerce sur sa
fille pour lui donner une éducation plus convenable. Excepté la musique, elle est d'une
ignorance honteuse sur tout le reste; elle n'a
pas la moindre idée d'histoire, de géographie,
de littérature. J'ai vu par hasard l'autre jour
quelques lignes écrites de sa main, il y avait
presque autant de fautes d'orthographe que de
mots; et cependant, sans avoir beaucoup d'esprit naturel, elle n'est pas ce qu'on peut appeler une sotte. Malheureusement son intelligence n'a été développée que sur un seul
point, elle est toute au bout de ses doigts quand
elle les étend sur le clavier, et l'on dirait qu'en
fermant son piano elle renferme dans cet
instrument son esprit et son âme.

« Ce genre d'éducation convient à sa mère;
c'est elle qui l'a élevée, elle la croit parfaite;

et elle me la cite comme un modèle que je
devrais chercher à imiter. J'ai répondu que je
ne me sentais pas capable d'atteindre à tant de
perfection. Je ne sais pas si elle a pris ma réponse pour de l'ironie ou pour argent comptant; mais elle ne m'en a plus reparlé depuis.
Du reste, elle se montre toujours très-gracieuse
envers moi, et évite avec soin tout ce qui
pourrait me contrarier. Cependant je sais que
dans son intimité elle ne m'appelle jamais que
la *dévote* ou la *petite sainte*; j'en ai beaucoup
ri quand on me l'a dit, et j'ai répondu que
je voudrais de tout mon cœur mériter réellement ces qualifications.

D'après ce que je t'ai dit jusqu'ici de notre
belle-mère, tu t'es figuré sans doute que c'é-
tait une femme du monde, uniquement occupée de toilette, de bals, de soirées, de specta-
cles, et qui devrait dépenser à satisfaire ses
goûts des sommes fabuleuses qu'elle dissipe
sans compter. Eh bien, tu serais dans l'erreur:
sans doute elle est femme du monde avant
tout; elle dépense considérablement en toilette, en équipage, en soirées: mais ce n'est

pas sans compter. Elle met beaucoup d'ordre
et de régularité dans ses comptes de recettes
et de dépenses; elle en tient un livre aussi
régulier que le livre de caisse d'un banquier.
C'est elle qui vérifie tous les comptes de
M<sup>me</sup> Gérard, la femme de charge, et cette bonne
dame me disait encore l'autre jour que jamais
elle ne lui avait vu commettre une erreur d'un
centime. Les gens de la maison, les anciens,
bien entendu, qui étaient ici du temps de
notre pauvre mère, reprochent à la nouvelle
M<sup>me</sup> d'Ernouville de manquer de générosité,
de lésiner pour des dépenses nécessaires,
tandis que souvent elle ne ménage rien quand
il s'agit de dépenses inutiles, pour sa toilette
et celle de sa fille. Ils lui reprochent également
d'être à leur égard dure, impérieuse, hautaine.
« Ah! mademoiselle Léonie, me dit quelque-
fois M<sup>me</sup> Fenouillet, la concierge, quelle différence avec feu madame votre mère, qui
était si bonne, si douce, si affable avec nous
tous! et cependant c'était une grande dame,
elle, d'une noblesse aussi ancienne que celle
de son mari; tandis que M<sup>me</sup> veuve Lourdin, née

Potard, sort d'une arrière-boutique de la rue Saint-Denis, et qu'elle vous prend des airs de princesse comme si le roi était son cousin. »

« Puisque je viens de te parler des anciens serviteurs de la maison, je te dirai que tous, sans exception, me témoignent le plus vif attachement, même ceux dont je m'étais fait détester autrefois à cause de mes espiègleries et de mes méchancetés. Tous me trouvent changée, et prétendent que maintenant je ressemble à ma mère. Ils ne peuvent pas me faire un compliment plus agréable, et je prie Dieu que ce ne soit pas un simple compliment. Tous aussi désirent ardemment te voir, et attendent comme une fête le jour de ton arrivée.

« Je suis toujours très-contente de ma nouvelle femme de chambre : c'est une jeune fille pieuse, intelligente, et qui me montre déjà un entier dévouement. Forcée souvent de n'avoir pas d'autre société, je me suis mis en tête de l'instruire pour en faire au besoin ma demoiselle de compagnie. Elle est très-reconnaissante des leçons que je veux bien

lui donner, et elle fait de rapides progrès.
D'un autre côté, ce genre d'occupation m'est
très-avantageux pour ma propre instruction;
il me fait repasser des choses que je n'avais
pas bien sues ou que j'avais oubliées, et qui,
maintenant que je les enseigne, se gravent
bien plus profondément dans ma mémoire.

« Je préfère mille fois l'espèce de solitude
où je vis depuis l'arrivée de cette brave fille
au genre de vie que je menais auparavant.
Je n'ai vu qu'un échantillon, bien petit sans
doute, de ce qu'on appelle le monde; mais je
t'assure que ce que j'en connais me donne une
idée bien peu favorable du reste. Des femmes
qui perdent des heures entières à parler toilette, à critiquer la mise de mesdames telles
ou telles au dernier bal ou à la dernière soirée, puis qui le plus souvent passent de la
critique de la toilette à la critique de la personne, car la médisance est le fond ordinaire de toutes les conversations féminines
dans nos salons; des hommes qui parlent po-
litique, ou bien courses de chevaux, ou bien
encore opérations de bourse : voilà ce dont

j'ai eu les oreilles rebattues dans toutes les réunions où je me suis trouvée depuis mon arrivée. Crois-tu qu'il soit fort amusant d'entendre pendant toute une soirée parler chiffons et rubans d'un côté; et de l'autre, report, différence, transfert, remise, etc.? Ah! une particularité que j'oubliais de te dire, c'est que notre belle-mère a le talent de tenir la conversation aussi bien avec ces dames qu'avec ces messieurs; aux unes elle parlera robes de soie, rubans, chapeaux de telle ou telle forme; aux autres elle parlera hausse et baisse de la rente, des actions et obligations, coupons, vente au comptant ou à terme, écart, que sais-je? (Car je te répète ces mots-là tels que je les ai entendus, mais sans y rien comprendre.) Tout ce que je sais, c'est qu'on la dit instruite sur ces matières comme un agent de change. Grand bien lui fasse cette science! pour moi, je ne me soucie guère de l'acquérir.

« Je n'ai plus qu'un mot à te dire, et je termine cette longue lettre. Depuis quelques jours notre père paraît triste; il a évidemment un chagrin sérieux : car je ne le vois pas maintenant sourire un seul instant, même quand je vais lui souhaiter le bonjour et l'embrasser. Il a paru vivement contrarié quand il a reçu ta lettre, qui annonçait encore un retard de dix jours dans ton voyage. Je pense qu'il désire te communiquer ses peines, et que c'est pour cela qu'il désire si ardemment ton retour. Hâte-toi donc, mon cher Ernest, de venir apporter quelque consolation à ce pauvre père. J'espère que cette considération sera plus puissante qu'aucune autre pour te déterminer à éviter toute espèce de retard; aussi ne parlerai-je pas du désir que ta sœur a de te voir; quelque grand qu'il soit, il ne saurait exercer sur toi plus d'influence que ce que je t'ai dit de notre père. »

---

# CHAPITRE VI

Le frère et la sœur, la tante et le neveu.

Enfin M. Ernest d'Ernouville arriva. C'était un fort beau cavalier de vingt-cinq ans, au visage mâle bronzé par le soleil d'Afrique, et dont l'uniforme d'officier de chasseurs rehaussait encore la bonne mine. Une légère cicatrice à la joue gauche et la croix d'honneur suspendue sur sa poitrine attestaient sa bravoure. M. d'Ernouville accueillit son fils avec des démonstrations de joie qui touchèrent profondément le jeune homme, peu habitué à de pareilles marques de tendresse de la part de son père.

Le frère et la sœur se reconnurent plutôt par une sorte d'intuition du cœur que par les yeux ; car sans cela Léonie n'eût jamais deviné que ce grand et bel officier, à l'air sérieux et martial, était ce même écolier qui voulait autrefois lui apprendre à faire l'exercice, et, de son côté, Ernest n'aurait pu retrouver dans cette jeune personne au visage si gracieux et si modeste, à la tenue si digne et si réservée, la petite espiègle de sept à huit ans qui n'écoutait que son caprice et sa volonté.

Quant à Mme d'Ernouville, elle déploya dans cette circonstance un luxe de prévenances, de grâces et de courtoisie qui déconcerta quelquefois notre jeune officier, embarrassé souvent de répondre d'une manière convenable à des démonstrations évidemment exagérées. Elle ne manqua pas, comme on le pense bien, de faire briller aux yeux du nouveau venu les talents de sa fille dans une petite fête qui parut improvisée, mais qu'elle avait préparée ngtemps d'avance. Ernest, peut-être par

suite des lettres de sa sœur, ne fut nullement
enthousiasmé du jeu brillant et de la voix
enchanteresse de M<sup>lle</sup> Adèle; il applaudit cependant par galanterie; peut-être plus chaleureusement qu'il ne l'eût fait s'il n'eût
craint de paraître impoli; mais M<sup>me</sup> d'Ernouville, qui surveillait attentivement l'effet que
produirait sa fille sur le jeune officier, avait
trop de tact pour se laisser tromper par cet
enthousiasme factice; elle reconnut avec dépit que le jeune homme n'avait probablement pas de goût pour la musique, et que
c'était sans doute un défaut d'organisation
qui tenait de famille; car Léonie montrait
pour cet art aussi peu de sympathie que son
frère.

Plusieurs jours se passèrent pendant lesquels Ernest fut tellement circonvenu par sa
belle-mère, qu'il ne put trouver un instant
pour s'entretenir un peu longuement en particulier avec son père et avec sa sœur. Enfin
un jour, profitant d'un moment de liberté
que lui avait laissé sa belle-mère, il courut
chez sa sœur, et lui dit en entrant: « Je viens

causer un peu avec toi, ma bonne Léonie, je n'ai pas besoin de te dire combien je désirais ce moment; mais les convenances exigeaient ce sacrifice, et j'espère que tu ne m'en voudras pas.

— Moi, t'en vouloir! mais tu n'y penses pas; je t'ai plaint, voilà tout, car je sais ce que tu as dû souffrir, puisque j'y ai passé avant toi; il est vrai que tu es plus fort que moi, et un soldat d'Afrique doit être accoutumé aux fatigues et aux dangers.

— Trêve de plaisanterie, et parlons sérieusement, reprit Ernest. Je n'ai pas encore eu le temps de te remercier de la manière dont tu t'es acquittée de la commission délicate que je t'avais donnée; et cependant tu l'as fait avec un tact et une sûreté de coup d'œil au-dessus de ton âge; je reconnais tes appréciations sur la mère et sur la fille parfaitement exactes, et même je trouve qu'au lieu d'avoir chargé les tableaux, tu es restée quelquefois au-dessous de la vérité. Seulement il y a une chose qui nous intéresse tous deux, et dont je m'étonne que tu ne m'aies pas

parlé, à moins que tu ne l'aies pas deviné, ce
qui serait possible.

— De quelle chose veux-tu parler? je t'ai
tout dit, absolument tout ce que je savais, et
si j'avais soupçonné autre chose, je te l'aurais
dit également.

— Tu n'as donc pas cherché à pénétrer les
motifs qui m'avaient engagé à te charger de
cette commission?

— Je n'y ai seulement pas songé. Tu m'as
dit que ces motifs étaient sérieux, et que tu
me les ferais connaître plus tard, c'en était
assez pour que je me conformasse à tes désirs
et pour que j'attendisse patiemment tes explications.

— Très-bien, chère petite sœur, j'admire
ta discrétion. Eh bien, maintenant le moment
est venu de te faire connaître ces motifs, et tu
jugeras toi-même de leur gravité. Tu sauras,
ma bonne petite, que depuis longtemps il est
question de me faire épouser M<sup>lle</sup> Adèle Lourdin, et que cette grande affaire doit se décider
pendant mon semestre. Depuis plus d'un an,
mon père m'a écrit à ce sujet, en me disant

que ce mariage était on ne peut plus convenable sous tous les rapports; je n'ai pu que
faire des réponses vagues, sans engager ma
parole, attendu que je ne connaissais pas la
personne à laquelle il était question de m'unir.
Enfin, quand le moment de venir à Paris a été
proche, j'ai demandé avec instance qu'on te
rappelât dans la maison paternelle, et c'est
alors que j'ai eu l'idée de te charger des in-
formations préliminaires dont j'avais besoin.
Je m'étonne seulement que tu n'aies pas
deviné toi-même le motif qui me faisait
agir.

— Je t'avoue, mon frère, que j'en ai eu un
instant la pensée; mais je l'ai promptement
rejetée; car j'ai cru, comme beaucoup de
personnes le croient encore, que la main de
M¹¹ᵉ Adèle était destinée à son cousin Anatole
Lourdin, le banquier. C'est ce que me disaient
encore l'autre jour M¹¹ᵉˢ de Boisnoury, ajoutant
que cela ferait un couple parfaitement assorti,
et que leur maison de banque pourrait ainsi
doubler son nom d'une manière fort agréable,
en s'appelant désormais Lourdin-Lourdin.

— Eh bien, ces demoiselles se sont trom-
pées; c'est à moi qu'on destine M<sup>lle</sup> Adèle
Lourdin; et, ce dont je ne me doutais pas
avant mon arrivée ici, et ce que je crois entre-
voir d'après certains propos que j'ai entendus, c'est toi qu'on se propose de marier avec
M. Anatole Lourdin.

— Moi! s'écria Léonie d'un air étonné et
presque stupéfait, moi! cela n'est pas possible. On m'a présenté M. Anatole, comme
toutes les personnes qui fréquentent la maison; mais je ne lui ai peut-être pas dit
quatre paroles, et lui ne m'en a pas adressé
davantage; évidemment tu te trompes, mon
frère.

— Je crois ne pas me tromper; d'après
mes observations, j'ai tout lieu de penser que
ce double projet de mariage est entré dans
les idées de notre belle-mère. Sans me le
déclarer formellement, elle me l'a suffisamment donné à entendre; elle a voulu me présenter à M. Anatole Lourdin, en me disant
que c'était un jeune homme charmant dont
je serais enchanté de faire la connaissance;

elle a ajouté qu'il te trouvait fort à son gré,
et que la recherche d'un pareil parti n'était
pas à dédaigner, car M. Anatole appartenait à
l'une des premières maisons de banque de
Paris. Je n'ai rien voulu répondre dans le
moment, ne t'ayant pas encore parlé ni à
mon père. Je me suis contenté de faire la
connaissance de M. Anatole Lourdin, et d'engager avec lui quelques mots de conversation, dans lesquels il m'a parlé des divers
moyens de colonisation algérienne, du système financier le meilleur à adopter pour ce
pays; et il a fini par me demander à quel taux
les banquiers d'Alger escomptent les effets
de commerce. J'ai répondu que je n'en savais
rien, attendu que j'étais militaire et non pas
commerçant. Sur ce, il m'a quitté, bien persuadé de m'avoir donné une grande idée de
sa supériorité en matière de finances. Il n'a
pas été question de toi, il est vrai, dans cette
première conversation, mais ce que m'avait
dit sa tante quelques instants auparavant m'a
suffisamment éclairé. D'ailleurs nous allons
bientôt savoir à quoi nous en tenir sur tout

cela. C'est aujourd'hui même que je dois avoir
un entretien particulier avec mon père, qui
m'a donné rendez-vous, pour que nous ne
soyons pas dérangés, dans son bureau particulier, rue de Provence, à trois heures. Il est
probable que ce sont toutes ces choses-là qui
le préoccupent, et qu'il veut avoir une explication avec moi. C'est là sans doute ce qui lui
donne cette inquiétude que tu as remarquée
depuis quelque temps en lui, et dont tu me
parlais dans ta lettre.

— Ce que tu viens de me dire me tourmente.
Est-ce que tu penses que mon père voudrait
me faire épouser M. Anatole Lourdin? D'a-
bord je te déclare que dans ce moment je ne
songe nullement à me marier, et que, dans
tous les cas, ce ne serait pas sur M. Anatole
que se porterait mon choix.

— Et moi, de mon côté, je te déclare que
jamais je n'épouserai Mlle Adèle Lourdin, fût-
elle dix fois plus riche qu'elle ne l'est, quoi-
qu'on m'ait fait entendre que sa dot dépasse-
rait un demi-million comptant, et pourrait se
doubler plus tard. Mais ne nous mettons pas

d'avance des chimères dans la tête. Mon père
peut désirer de nous faire contracter ces mariages en raison des avantages de fortune qu'il
y voit pour nous; mais nous y engager, nous
y contraindre par une sorte de pression morale qu'il exercerait en vertu de son autorité
paternelle, c'est ce que certainement il ne fera
pas. Au surplus, ce soir nous saurons à quoi
nous en tenir, et je te ferai part du résultat de
notre conversation. »

A peu près à la même heure où Ernest et
Léonie avaient ensemble l'entretien que nous
venons de rapporter, M^me d'Ernouville et son
neveu M. Anatole Lourdin avaient aussi ensemble une conférence secrète dont nous allons reproduire les passages les plus saillants.
Nous laissons même de côté le commencement
pour arriver à la conclusion, qui nous fera
du reste suffisamment connaître ce qui l'a
précédée.

« ... Ainsi tu le vois, mon cher Anatole,
nous le tenons de toutes les manières. Il faut
absolument que mon très-cher époux consente
à cette double union et y fasse consentir ses

enfants, ou il est ruiné sans ressources. Tu
as dû facilement me comprendre; car cela
est clair comme deux et deux font quatre.

— Sans doute cela est clair, répondit Anatole, et je comprends très-bien que nous
sommes porteurs de valeurs considérables
souscrites par lui pour la mise à exécution
de cette fameuse invention qui devait remplacer la vapeur, et produire les mêmes effets
avec 90 p. %, d'économie, laquelle invention
n'était qu'un leurre, comme tant d'autres, et
a échoué complétement; que vous, ma tante,
vous avez racheté sous votre nom et à vil
prix ces mêmes valeurs, dont nous pouvons
exiger le remboursement intégral, ce qui vous
procurera, à vous personnellement, un bénéfice de 400,000 fr. environ, dont la fortune
de votre mari sera diminuée à votre profit, et
que, comme vous êtes mariée sous le régime
de la séparation de biens, vous pourrez dis-
poser de cette somme à votre gré; mais dans
tout cela, je ne vois pas que M. d'Ernouville
soit ruiné sans ressource; je vois seulement
que cela le jettera dans un grand embarras...

— Je ne dis pas, interrompit la tante, que
cela le réduira à la mendicité; mais cela le
forcera à vendre pour 20,000 fr. de rentes
d'actions sur les deux chemins de fer dont il
est administrateur; n'étant plus possesseur
d'un nombre d'actions suffisant, il sera forcé
de donner sa démission de ces deux places, qui
lui rapportent ensemble 20,000 fr. par an;
ce sera donc une diminution subite de 40,000
francs au moins dans ses revenus; et pour
lui, habitué aux grandes affaires, au mouvement et à l'activité qu'elles donnent, aux dépenses qu'elles exigent, ce sera une véritable
ruine, car le peu qui lui restera sera à peine
suffisant pour le faire vivre dans la retraite
et avec une stricte économie. Il sera alors en
quelque sorte réduit à ma merci; mais il sera
trop fier pour l'implorer. Du reste, j'en ai la
certitude, je n'aurai pas besoin d'en venir à
ces extrémités, qui, je l'avoue, me contrarie-
raient; car au fond j'ai bon cœur, et dans tout
cela je recherche plutôt son avantage et celui
de ses enfants que le mien. En effet, ce bel
fficier d'Afrique, malgré sa bonne mine et

ses décorations, où trouverait-il une dot comparable à celle que lui apportera ma fille? et
sa sœur, avec les 80,000 livres au plus qui
lui reviendront en capital de la succession de
sa mère, pourrait-elle espérer un parti aussi
avantageux que celui que tu lui offres en
l'épousant?

— Cela est vrai, répondit Anatole, et en
envisageant la question à ce point de vue il
me semble que nous faisons un marché de
dupe; car vous, de votre côté, vous eussiez
pu trouver facilement un gendre millionnaire,
et moi, j'aurais sans peine trouvé une femme
qui m'eût apporté une dot trois ou quatre fois
plus considérable que celle de M^{lle} Léonie.

— Fort bien; mais ce gendre et cette femme
dont tu parles nous auraient-ils apporté un
nom comparable à celui d'Ernouville? Un pareil nom vaut bien quelques sacrifices; de tout
temps les riches financiers en ont fait pour
s'allier à la noblesse, surtout quand c'est de
la vraie noblesse, de la noblesse titrée. Tu me
diras peut-être qu'un nom, quelque beau,
quelque noble qu'il soit, ne se cote pas à la

bourse, ni ne s'escompte à la banque ; cela est vrai jusqu'à un certain point. Un grand nom a toujours une grande valeur auprès de bien des gens, surtout quand il est porté par un homme honorablement connu depuis long-temps dans le monde des affaires comme l'est mon mari ; et je soutiens que quand tu seras M. le banquier Lourdin d'Ernouville, que tu auras pour beau-père le comte d'Ernou-ville, pour belle-sœur ta cousine devenue vicomtesse d'Ernouville, cela te posera admi-rablement sur la place ; ton crédit s'assiéra sur de plus larges bases, et prendra une nou-velle et rapide extension.

— Oui, mais il ne faudrait pas que mon beau-père s'avisât d'exploiter encore quelque nouveau brevet d'invention dans le genre de celui qui devait remplacer la vapeur comme moteur universel ; autrement il aurait bientôt mangé le reste de sa fortune et perdu son crédit.

— Oh ! il ne faut pas lui en vouloir pour cela. C'est la seule entreprise hasardeuse qu'il ait tentée de sa vie, et encore j'avoue que

6

c'est moi qui l'y ai poussé; mais l'affaire se
présentait si bien, l'inventeur paraissait si sûr
de son fait, il y avait des bénéfices si considérables à espérer, que je l'ai pressé, je pourrais presque dire forcé de se lancer dans une
opération qui ne demandait au début que de
faibles capitaux, lesquels devaient rapporter
plus tard des millions. C'est pour cela que
j'éprouverais quelque regret à le poursuivre
aujourd'hui pour cette malheureuse affaire, et
que je serais réellement fâchée s'il m'y con-
traignait; mais si, au contraire, les choses
s'arrangent comme je le désire, cette affaire
restera complétement étouffée; je donnerai
en cadeau de noces à ma fille, le jour de la
signature du contrat, toutes les valeurs souscrites par mon mari et dûment quittancées;
elle les remettra à son beau-père, qui lui en
fera une simple reconnaissance, dont le paie-
ment ne s'effectuera que sur sa succession.
De cette manière, le comte d'Ernouville con-
servera sa position actuelle dans les administrations de chemins de fer qu'il dirige; son
crédit même s'accroîtra par ce double ma-

riage; tu seras le banquier naturel qu'il em-
ploiera dans ses opérations, et vous vous prê-
terez une aide mutuelle qui profitera nécessairement à tous les deux. »

Après ces explications, la tante et le neveu
furent d'avis qu'il fallait terminer cette affaire
le plus tôt possible. M<sup>me</sup> d'Ernouville déclara
qu'elle allait avoir sur-le-champ un entretien
à ce sujet avec son mari, et que tout serait
décidé dans la journée ou le lendemain matin
au plus tard.

# CHAPITRE VII

Révélations.

Vers les quatre heures du soir, Ernest revint trouver sa sœur. Il paraissait triste et préoccupé. « Eh bien! s'écria Léonie en le voyant, as-tu vu mon père?

— Je l'ai vu, et ce que je prévoyais est arrivé. Il m'a fait connaître les intentions de sa femme au sujet du mariage de sa fille, et le projet formé par M. Anatole Lourdin de demander ta main. Il m'a détaillé les avantages qu'il y aurait pour nous deux à contracter

cette double union ; il a ajouté qu'il la verrait
s'effectuer avec plaisir, pourvu toutefois qu'elle
nous convînt à l'un et à l'autre. Puis il a ajouté :
« Consentirais-tu à épouser M<sup>lle</sup> Adèle Lourdin, et connais-tu les sentiments de ta sœur
à l'égard de M. Anatole ? »

« J'ai répondu à mon père, en ton nom et
au mien, que nous étions pénétrés de reconnaissance pour les bonnes intentions qui l'a-
vaient animé en notre faveur dans cette circonstance, mais que nous le suppliions de
cesser d'y donner suite, ni toi ni moi n'étant
décidés à épouser les personnes dont on nous
faisait l'honneur de nous offrir la main.

« — Cette résolution, a repris mon père,
est-elle arrêtée d'une manière irrévocable, ou
voulez-vous consentir à un ou deux jours de
réflexion avant de donner une réponse défi-
nitive ?

« — Pour mon compte, ai-je répliqué, ma
réponse est aujourd'hui ce qu'elle sera demain, après-demain et plus tard. Quant à ma
sœur, je crois qu'elle est dans les mêmes dispositions.

« Mon père a réfléchi quelques instants, puis il m'a dit d'un air grave et triste : « Je devais m'y attendre; maintenant c'est une affaire finie, n'en parlons plus. Dis à ta sœur que jamais je ne lui parlerai de ce mariage, qui lui déplaît; et quant à toi, regarde comme n'ayant jamais existé toutes les propositions et les explications que j'ai pu te donner à ce sujet. Je vais voir tout à l'heure ta belle-mère, et je lui ferai connaître votre détermination. »

« Je me suis retiré alors satisfait de la réponse de mon père, mais intérieurement affecté de la tristesse dans laquelle je l'avais laissé plongé. En sortant de son cabinet, j'ai rencontré dans un des corridors un jeune homme à peu près de mon âge, qui se tenait sur la porte d'un bureau, et qui m'a arrêté au passage. « M. d'Ernouville, m'a-t-il dit, aurait-il quelques minutes à me donner ? J'aurais à lui communiquer quelque chose qui, je pense, ne serait pas sans intérêt pour lui.

« — Monsieur, ai-je répondu, pourrais-je

savoir d'abord à qui j'ai l'honneur de parler?

«—Vous ne me reconnaissez pas, a-t-il repris en souriant; il y a effectivement bien long-temps que nous ne nous sommes vus, et nous avons bien changé l'un et l'autre depuis cette époque. Je suis le fils de M^me Gérard, votre femme de charge; nous avons joué ensemble bien souvent, quand vous étiez au collége et que vous veniez passer les vacances à Paris.

« — Ah! me suis-je écrié, vous êtes le petit Henri, avec qui j'ai fait autrefois de si bonnes parties de balle et de billes?

« — Vous vous en souvenez donc? a-t-il dit en souriant.

« — Si je m'en souviens! mais il me semble que c'était hier : seulement j'ai un reproche à vous faire, c'est de n'avoir pas renouvelé connaissance avec moi depuis que je suis de retour. Voilà dix jours que je suis à l'hôtel, et je ne vous ai pas encore vu.

« — Cela n'est pas étonnant; je n'habite plus l'hôtel depuis deux ans. Je suis marié, et je demeure avec ma femme rue Saint-Lazare. Je suis employé depuis longtemps dans les bureaux du chemin de fer où M. votre père m'a fait entrer, et où, grâce à sa protection, je suis aujourd'hui chef de bureau.

« — Je vous en félicite, ai-je repris, et je suis heureux d'apprendre que mon père n'oublie pas le fils d'un des plus anciens serviteurs de notre maison.

« — Ah! Monsieur, a-t-il répondu avec une voix émue, je ne saurais vous exprimer à quel point mon cœur est plein de reconnaissance envers M. votre père, et combien je prends part aux malheurs qui le menacent!

« — De quels malheurs voulez-vous parler? me suis-je écrié avec inquiétude.

« — Je sais, a-t-il répondu, que vous les ignorez, et que, par un motif que vous comprendrez facilement, M. votre père n'a pas voulu vous en instruire pour ne pas influencer votre détermination dans la proposition qu'il avait à vous faire; mais moi, par l'intérêt que je lui porte, ainsi qu'à vous et à mademoiselle votre sœur, j'ai pensé que je devais vous révéler tout ce qui est venu à ma connaissance, afin que vous puissiez régler votre conduite d'après ce que je vais vous apprendre, et prévenir ces malheurs s'il est possible, ou, dans le cas contraire, au moins en atténuer l'effet. C'est pour cela, Monsieur, que je me suis permis de vous demander un moment d'entretien particulier. »

« Tu penses, ma sœur, continua Ernest, avec quelle avidité j'écoutais Henri Gérard. Son récit, qu'il serait trop long de te rapporter en entier, m'a d'abord expliqué les motifs qui déterminaient notre belle-mère à me faire épouser sa fille et à te marier à son neveu, M. Anatole Lourdin; ces motifs, je les soupçonnais déjà; mais ce que j'ignorais complétement, ce que j'étais à mille lieues de supposer, c'est qu'il existe entre la tante et le neveu un complot au moyen duquel, si mon père ne consent pas à ces mariages et ne nous y fait pas consentir, ils exerceront contre lui des poursuites qui entraîneront sa ruine, et lui feront perdre la position honorable qu'il occupe dans diverses administrations.

— Ah! mon Dieu! mon frère, que me distu là! s'écria Léonie; c'est donc cela qui rendait mon père si triste depuis quelque temps. Cependant, reprit-elle après un instant de silence, je n'entends pas grand'chose aux affaires, mais il y a quelque chose là dedans qui me paraît fort extraordinaire. Si ma belle-mère occasionne la ruine de mon père, ne supportera-t-elle pas elle-même une partie des pertes qu'il éprouvera, puisqu'elle est sa femme? Or il me semble qu'elle sait trop bien calculer pour s'exposer à souffrir un dommage considérable uniquement pour satisfaire sa vanité et en se laissant entraîner par un simple mouvement de dépit.

— Tu as raison, ma sœur, elle ne sait que trop bien calculer; mais c'est précisément pour cela qu'elle n'hésitera pas à consommer la ruine de mon père. Sans doute elle est sa femme; mais elle a eu la précaution, dans son contrat, de se marier avec la clause de séparation de biens, et de conserver l'administration de ce qui lui appartient. Elle fournit simplement sa part dans les dépenses communes de la maison; quant au surplus de ses revenus, elle en dispose à son gré. Ainsi, il y a quelque temps, mon père s'était mis à la tête d'une entreprise qui n'a pas réussi; il s'est trouvé dans la nécessité de souscrire des engagements considérables; ces engagements, notre belle-mère elle-même les a rachetés à vil prix par l'entremise de son neveu Anatole, et ce sont ces mêmes titres dont on se propose d'exiger de mon père le remboursement intégral. Pour faire honneur à sa signature, il sera forcé d'aliéner la plus grande partie de sa fortune, qui passera ainsi, presque sans bourse délier, entre les mains de sa femme. Tu vois que, comme tu le disais, elle sait bien calculer; mais, ce que tu ne comprenais pas, loin de supporter une partie des pertes subies par mon père, elle en retirera, au contraire, un beau bénéfice.

— Et tu es bien sûr de ce que tu dis là?

— Trop sûr, malheureusement. Henri Gérard, qui nous est entièrement dévoué, m'a mis au courant de tout, et m'a démontré de la manière la plus claire l'exactitude de ses renseignements. En le quittant, j'ai voulu retourner dans le cabinet de mon père; mais il était sorti, après avoir reçu la visite de ma belle-mère. Alors je suis revenu ici pour te rendre compte de ce qui s'était passé entre notre père et moi, et de ma conversation avec Henri Gérard.

— Oh ! mon Dieu, s'écria Léonie, que faire maintenant ? Qui pouvait prévoir une pareille chose ? Ah ! si nous avions su...

— Eh bien ! quand même nous aurions su, interrompit son frère, n'aurions-nous pas encore éprouvé une plus forte répugnance à consentir à une alliance proposée à de telles conditions ?

— Je ne dis pas ; mais nous aurions causé avec mon père, nous aurions cherché à lui adoucir l'amertume de notre refus.

— C'est précisément ce que la délicatesse de mon père a voulu éviter. Si nous eussions été instruits des menaces dont il était l'objet, il eût craint que ce motif seul ne nous eût décidés à donner notre consentement, malgré la répugnance que nous ressentions ; ou bien, si nous n'eussions pu vaincre cette répu- gnance, ce refus nous aurait occasionné une douleur qu'il voulait nous épargner. Maintenant l'affaire est faite; il n'y a plus à y revenir. Nous n'avons plus qu'à chercher les moyens de parer ou d'atténuer le coup dont on veut l'accabler.

— Je ne suis guère capable de te seconder dans cette entreprise. Tout ce que je puis faire, c'est de prier Dieu de venir à notre aide; je l'invoquerai avec toute la ferveur dont je suis capable, par l'intercession de sa sainte Mère; je mettrai en lui toute ma confiance, et cette confiance ne sera pas trompée. C'est la seule espérance qui nous reste; mais celle-là en vaut bien une autre.

— Tu as raison, ma bonne petite sœur; je t'approuve de tout mon cœur, et je veux unir mes prières aux tiennes; mais il ne suffit pas de prier, il faut aussi agir, car il est dit : « Aide-toi, le Ciel t'aidera. » Ceci me regarde principalement; je vais travailler de mon côté pendant que tu prieras du tien, et peut-être le bon Dieu nous enverra-t-il quelques inspirations salutaires, que je m'empresserai de mettre à exécution. »

# CHAPITRE VIII

### Le père et ses enfants.

Trois jours après les scènes que nous venons de raconter, Ernest et Léonie étaient dans la chambre de leur père, assis à côté de son fauteuil, tenant chacun une de ses mains, et s'efforçant par leurs caresses de ramener un peu de calme et de paix dans le cœur tourmenté du vieillard.

M<sup>me</sup> d'Ernouville n'avait pas perdu de temps à exécuter ses menaces ; dès le lendemain du

jour où elle avait été instruite par son mari
du refus formel d'Ernest et de sa sœur de
consentir aux mariages projetés, un huissier
avait présenté à M. le comte d'Ernouville, à
la requête de MM. Lourdin père, fils et Cⁱᵉ,
une sommation « d'avoir à payer dans les
vingt-quatre heures, aux susdits banquiers,
la somme de 418,541 fr. 52 cent., pour paie-
ment de divers effets et obligations souscrits
par ledit sieur comte d'Ernouville, et transfé-
rés régulièrement auxdits requérants ; le tout,
à peine d'être poursuivi et contraint au remboursement desdites créances par toute voie
de droit *et même par corps.* »

M. d'Ernouville n'avait pas voulu attendre
l'effet de ces menaces. Il avait vendu immédiatement à la bourse toutes les valeurs industrielles qu'il possédait, et même quelques
rentes sur l'État, et il avait immédiatement
soldé ses impitoyables créanciers. Ces diverses
opérations, et quelques autres affaires à régler
pour le compte de ses administrations, l'a-
vaient occupé pendant deux jours, durant
lesquels il n'était rentré à l'hôtel que pour se

coucher. Il avait fait prévenir ses enfants de ne pas chercher à le voir jusqu'à ce qu'il les fît appeler.

On juge s'ils étaient inquiets. Ernest passait une partie de la journée avec Henri Gérard, cherchant, combinant tous les moyens imaginables pour tirer son père d'embarras, et ne trouvant rien. Léonie continuait à prier du matin au soir; chaque fois qu'elle voyait son frère, qui commençait à se désespérer, elle cherchait à le rassurer en tâchant de lui faire partager la confiance qu'elle avait en Dieu. « Vois-tu, mon frère, cela finira mieux que nous ne l'espérons, lui disait-elle quelquefois; plus je prie, plus je sens ma confiance augmenter et mon espérance se raffermir. »

Ajoutons que pendant tout ce temps-là M$^{me}$ d'Ernouville avait eu le bon esprit de s'absenter avec sa fille, sous prétexte d'aller visiter une de ses parentes à Dijon.

Enfin, le troisième jour, M. d'Ernouville avait fait dire à ses enfants qu'il les attendait dans sa chambre. C'est là que nous les

avons trouvés au commencement de ce
chapitre.

Ils furent d'abord vivement affectés à sa
vue. M. d'Ernouville n'avait pas fermé l'œil
de la nuit, et il paraissait, depuis trois jours,
avoir vieilli de plusieurs années. Son regard
était sombre et fixe ; sa tête se penchait sur
sa poitrine, comme incapable de supporter le
poids qui l'accablait. Léonie, en entrant, se
précipita dans les bras de son père, et couvrit
ses joues de baisers et de larmes, en répétant
ces seuls mots entrecoupés de sanglots : « O
mon bon père, aimez-vous toujours vos enfants ? »

Ernest saisit avec empressement la main
de son père, la porta vivement à ses lèvres,
et, en même temps qu'il y imprimait un bai-
ser respectueux, deux larmes brûlantes tom-
baient sur cette main et faisaient tressaillir le
vieillard.

A ces démonstrations si affectueuses, si
vraies, M. d'Ernouville éprouva une émotion
inconnue depuis longtemps ; sa tête se releva,

ses traits se rassérénèrent; ses yeux perdirent leur fixité, et bientôt se mouillèrent de douces larmes. « O mes enfants, leur dit-il en les serrant tour à tour dans ses bras, il y a longtemps que je n'ai goûté un bonheur semblable à celui que vous me faites éprouver en ce moment! Vous me demandez si je vous aime toujours; jamais, mes enfants, je ne vous ai tant aimés qu'à présent.

— Et cependant, pauvre père, dit Léonie, nous vous avons causé bien du chagrin... malgré nous, il est vrai, sans le savoir.

— Oh! je vous en prie, mes enfants, pas un mot du passé; je rougis en pensant que j'ai été sur le point de sacrifier au veau d'or d'aussi nobles cœurs que les vôtres, et que moi-même j'ai trop longtemps encensé cette idole du siècle. J'en suis aujourd'hui cruellement puni, et ce qui m'affecte le plus, après avoir travaillé si longtemps pour vous laisser une fortune un peu en rapport avec votre nom, c'est de penser que vous ne trouverez dans l'héritage paternel qu'à peine de quoi me faire enterrer. » Et, comme il disait ces mots, sa tête se courba de nouveau, et ses yeux reprirent leur fixité.

« O mon père, s'écria Ernest, laissez de côté, comme vous le disiez tout à l'heure, ces préoccupations du passé. Oubliez-les comme on oublie un mauvais rêve. Vous ne nous devez rien, et pourvu que nous retrouvions en vous l'affection paternelle, c'est tout ce que nous demandons, et vous aurez comblé nos désirs. »

Léonie, par une tendre caresse et par un regard expressif, appuya les paroles de son frère.

« Mes enfants, reprit le père après un instant de silence, je suis heureux, autant qu'on peut l'être dans ma position, des sentiments que vous m'exprimez; mais enfin il est bon que vous connaissiez d'une manière exacte cette position, afin que nous sachions chacun le parti que nous avons à prendre. Je suis ruiné à peu près de fond en comble ; je possédais, il y a quelques jours, environ 50,000 fr. de rentes ; il m'en restera à peine 2,000 quand j'aurai satisfait aux dernières obligations que

j'ai à remplir. Cet hôtel, il est vrai, me de-
meurera en propriété; mais j'en ai assuré
l'usufruit à celle à qui j'ai eu la faiblesse de
donner mon nom, et vous comprenez que dorénavant je ne puis plus l'habiter. Je suis donc
résolu à aller me loger dans quelque quartier
isolé de Paris, à vivre dans quelque pension
bourgeoise, où, avec les débris de ma fortune,
j'achèverai mon existence dans la retraite et
l'isolement. Quant à toi, Ernest, tu retour-
neras à ton régiment, et tu suivras la carrière
que tu as si honorablement commencée. Tu
auras pour t'aider la petite portion de rentes
qui te revient de la succession de ta mère, et
Léonie aura le reste, qui lui servira à payer
sa pension au Sacré-Cœur, où elle retournera
jusqu'à sa majorité, ou bien jusqu'à ce qu'il se
présente, ce que nous ne pouvons guère espérer, un parti convenable pour elle. Voilà,
mes enfants, à quoi nous en sommes réduits;
je ne croyais guère, quand je vous ai réunis,
que nous nous séparerions sitôt; mais enfin le
sort en a décidé autrement. »

Un silence de quelques minutes, pendant

lequel chacun paraissait plongé dans ses réflexions, suivit les paroles de M. d'Ernouville. Enfin Léonie le rompit la première en s'écriant : « Et pourquoi, mon bon père, nous séparerions-nous ? Depuis que je vous ai revu, depuis surtout que je vous sais dans la peine, j'éprouverais la plus vive douleur à m'éloigner de vous. Vous dites que vous voulez aller vivre dans un quartier isolé de Paris, où vous serez seul, à la merci d'étrangers et de mercenaires : eh bien, permettez-moi de vous soumettre une idée qui me paraît bien préférable à votre projet. Quittez Paris tout à fait; allons ensemble vivre à la campagne, dans le petit bien que vous a laissé notre mère auprès d'Orléans. Le revenu en est modique, il est vrai; mais, puisqu'il suffit à payer ma pension et aux dépenses de mon frère en sus de sa solde, ne pourrait-il pas, en y ajoutant ce que vous avez conservé de votre fortune passée, suffire largement à nos dépenses? Ces dépenses seraient nécessairement bien moindres à la campagne qu'à la ville, et puis j'aurais le bonheur d'être auprès de vous, de vous soigner et de ne pas vous savoir en des mains étrangères ; enfin, de mon côté, j'aurais le plaisir d'aller voir de temps en temps ma bonne mère du Sacré-Cœur.

— Chère sœur, s'écria Ernest après avoir écouté attentivement Léonie, ton idée est admirable, et je crois vraiment que c'est Dieu, que tu pries avec tant de ferveur depuis quelques jours, qui te l'a inspirée. Écoutez, mon père, continua-t-il en s'adressant à M. d'Ernouville, les bonnes pensées sortent souvent de la bouche des enfants ; cette idée de Léonie n'est pas à dédaigner. Le petit domaine de Bonval, situé à la porte d'Orléans, dans une position charmante sur le bord de la Loire, est affermé 3,000 francs à peine, c'est-à-dire 1,500 francs pour chacun de nous deux ; cependant on l'évalue de 150 à 160,000 fr. ; ainsi il ne rapporte guère que 2 p. % de sa valeur. Il est vrai qu'il y a une maison d'habitation, estimée à elle seule 10,000 fr., mais qui, n'étant pas louée, est une valeur improductive. Eh bien, si vous alliez vous y fixer avec ma sœur, vous occu-

periez cette maison, vous veilleriez à l'exploi-
tation des terres, et votre présence seule suf-
firait bientôt pour doubler la valeur des pro-
duits. Ce serait pour vous une occupation
tout à la fois agréable et utile, qui vous ferait
bientôt oublier cette vie d'agitation et de tourment que vous avez si longtemps menée à
Paris ; puis vous auriez auprès de vous, pour
vous donner des soins, une personne atten-
tive, dévouée, prévenante et sur l'affection
de qui vous pourriez compter jusqu'à la mort.
Moi-même, quand mon service me le permet-
trait, j'irais de temps en temps vous trouver
et passer à Bonval mes semestres ; et ceci, je
vous en préviens, arriverait plus souvent qu'à
présent, car je puis vous annoncer que j'ai la
certitude d'être nommé bientôt capitaine dans
un régiment de chasseurs de-France.

— Ah ! tant mieux, dit Léonie : pourquoi
ne nous avais-tu pas annoncé encore cette
bonne nouvelle ?

— Les contrariétés que nous avons éprouvées ces jours derniers me l'avaient fait oublier ; mais aujourd'hui l'heureuse idée que

tu as eue me l'a rappelée. Eh bien, maintenant, mon père, que dites-vous du projet de Léonie?

— Mes enfants, ce projet me sourit d'autant plus, qu'il est pour moi une nouvelle preuve de l'excellence de votre cœur; mais il ne faut pas que la perspective séduisante qu'il m'offre me le fasse accepter avec un entraînement irréfléchi. Laissez-moi donc, avant de vous répondre, peser mûrement les inconvénients et les avantages de cette proposition, non pas par rapport à moi, mais dans votre propre intérêt à vous-mêmes, intérêt auquel vous ne pensez pas en ce moment, mais auquel, moi, je suis tenu de veiller.

— Permettez, mon père, observa Ernest, si dans cet arrangement vous trouvez votre avantage, je ne comprends pas comment nos intérêts pourraient en souffrir.

— Sans doute, tu ne le comprends pas, et ta sœur encore moins, parce que, ni l'un ni l'autre, vous n'entendez rien aux affaires; mais moi, je n'y ai été que trop longtemps versé pour avoir appris à ne les traiter qu'avec prudence, et, même dans celles qui se présentent de la manière la plus séduisante, comme celle-ci, par exemple, à chercher les embarras imprévus et les chances défavorables qu'elles peuvent présenter plus tard.

— Et quels embarras pourrait faire naître un jour la proposition de ma sœur?

— Mon Dieu, je n'en citerai qu'un, et qui est assez grave. Le petit domaine de Bonval est indivis entre vous deux, et ne pourrait guère être partagé; tant que vous resterez unis et libres comme vous l'êtes en ce moment, cet état d'indivision n'offre aucun inconvénient, et ne me ferait pas un instant hésiter à accepter votre proposition. Mais Léonie peut se marier dans un temps plus ou moins rapproché : qui peut garantir que son mari n'exigera pas la licitation de cet héritage? et alors, surtout s'il tombe entre des mains étrangères, je me verrai forcé d'aller chercher un autre asile, ce qui me coûtera d'autant plus que j'aurai contracté de douces habitudes et passé d'heureux moments dans celui-ci.

— Mon Dieu, s'écria Ernest, que vous êtes ingénieux à vous tourmenter !...

— Oh ! oui, c'est bien vrai, interrompit Léonie, et moi, d'abord, je ne veux pas me marier, Ernest le sait bien, je le lui ai dit; ainsi vous n'aurez pas à craindre la licitation...

— Et quand même Léonie se marierait, reprit Ernest, vous seriez, vous d'abord et moi ensuite, consulté sur son choix ; mais, quand même elle serait laissée complétement libre, je la connais trop bien pour n'être pas persuadé qu'elle n'accordera sa préférence qu'à l'homme qui montrera pour son père une déférence et un attachement vraiment filial; ainsi, au lieu d'avoir à redouter l'introduction d'un étranger dans la famille, ce sera un enfant de plus que vous y recevrez, un enfant qui rivalisera avec Léonie et avec moi de respect et d'affection pour vous. C'est ainsi que, de mon côté, si je me marie, la femme que j'épouserai serait pour vous non pas une bru, mais une véritable fille, une sœur digne de Léonie ; car, je vous le déclare bien formellement, ce n'est qu'à cette condition-là que je me marierai. N'ayez donc aucune crainte, mon bon père; venez vous reposer, dans les joies pures de la famille, des fatigues et des tracas que vous ont causés les affaires.

— Cette fois, mon petit papa, dit Léonie de sa voix la plus caressante, et en baisant avec effusion une de ses mains, j'espère que vous n'avez plus d'objections à faire. Ernest a parlé comme je pense, seulement je n'aurais pu m'exprimer aussi bien que lui.

— Non, mes enfants, je n'objecterai plus rien; je sens que cela vous ferait souffrir, et je n'ai pas la force de vous affliger davantage. Je cède à vos instances avec d'autant plus de plaisir, que, comme je vous l'ai dit, ce projet m'a souri tout d'abord.

— Oh! que je suis heureuse! s'écria Léonie; tu le vois, mon frère, que j'avais bien raison de te dire qu'il fallait mettre toute notre confiance en Dieu, et que bien certainement il nous inspirerait quelques bonnes idées...

— Eh bien, mon père, maintenant que l'affaire est arrêtée; mon avis est de la mettre à exécution sur-le-champ, dès demain, si c'est possible, au plus tard après-demain. Ces sortes de choses, une fois conclues, demandent à être terminées immédiatement; d'ailleurs il importe que nous soyons partis avant le retour de notre aimable belle-mère. Je vous avoue que je ne me soucie nullement de la rencontrer, et probablement que vous et Léonie vous ne le désirez pas davantage.

— Je partage ton avis, mon cher fils : mais comment pourrions-nous aller habiter Bonval en ce moment, au cœur de l'hiver? La maison a besoin de réparations considérables; il n'y a plus de mobilier dans les appartements; je puis bien, il est vrai, y faire transporter une partie de mon mobilier personnel; il sera plus que suffisant pour garnir toutes les chambres de Bonval; je puis bien encore vendre le surplus, ainsi que mes voitures et mes équipages, et du produit de cette vente payer largement les réparations et nos frais de transport et d'installation là-bas; mais, encore une fois, ces réparations demandent au moins trois à quatre mois de travail, et où logerons-nous pendant ce temps-là?

— Rien de plus facile; nous trouverons à Orléans un appartement pour nous recevoir tout le temps que dureront les travaux. Tous les jours j'irai surveiller les ouvriers et faire avancer la besogne; vous y viendrez vous-même avec Léonie les jours de beau temps; c'est une promenade charmante, pas plus éloignée et presque aussi agréable que celle du bois de Boulogne. »

Toutes les difficultés étaient levées; on ne songea plus qu'à mettre à exécution le fameux projet de Léonie. Quand on annonça cette résolution aux domestiques, il y eut bien des pleurs versés, surtout parmi les anciens. M^{me} Fenouillet était inconsolable; elle voulait à toute force qu'on l'emmenât à Bonval pour y être concierge; on eut toutes les peines du monde à lui faire comprendre qu'il n'y avait ni concierge, ni portier, ni loge dans cette maison qu'elle s'obstinait à appeler un château. M^{me} Gérard et M^{lle} Claudine seules étaient heureuses. Elles suivaient leurs maîtres : la

première, avec sa qualité de femme de charge,
à laquelle elle joindrait les fonctions de cuisi-
nière ; la seconde restait attachée spécialement
à M^lle Léonie ; mais elle devait en outre être
chargée de différents autres services, jusqu'à
ce qu'on eût trouvé quelqu'un pour remplir
cette besogne. Ces arrangements terminés, la
famille d'Ernouville quitta Paris, le 15 dé-
cembre 1857, et le soir même elle s'installait
provisoirement à Orléans.

# CHAPITRE IX

Trois ans après.

Au mois de novembre 1860, par une journée tout aussi brumeuse que celle dont
nous parlions en commençant cette histoire,
notre ancienne connaissance Claudine cheminait encore dans la rue de l'Université comme
elle le faisait trois ans auparavant, à la même
époque. Seulement elle n'était plus indécise et
ne cherchait plus son chemin comme la première fois, et sans la moindre hésitation elle
sonnait à la porte de l'hôtel d'Ernouville.

« Jésus mon Dieu! s'écria M^{me} Fenouillet en voyant entrer la jeune camériste dans sa loge, c'est toi, ma bonne petite Claudine! que je suis heureuse de te voir! viens donc que je t'embrasse. » Claudine se prêta de bonne grâce à l'accolade de la concierge, et après un échange de caresses et de questions banales sur leur santé, M^{me} Fenouillet conduisit la nouvelle venue dans le salon que nous connaissons, la fit asseoir sur le canapé et lui dit :

« Avons-nous à causer depuis si longtemps que nous nous sommes vues! et d'abord parle-moi de nos anciens maîtres : il y a un siècle que je n'ai eu de leurs nouvelles : mais par quel hasard te trouves-tu à Paris? Aurais-tu quitté ta bonne maîtresse?

— Non, Dieu merci, je ne l'ai pas quittée, reprit vivement Claudine, et j'espère bien ne pas m'en séparer de sitôt. Je vous dirai tout à l'heure ce qui m'amène à Paris; mais auparavant je vais répondre à votre première question et vous donner des nouvelles de mes maîtres.

« Il faut d'abord que je vous parle de ma chère maîtresse. Quand elle a quitté Paris, il y a trois ans, ce n'était encore, pour ainsi dire, qu'une grande enfant ; aujourd'hui c'est une demoiselle d'une admirable beauté, d'une taille élégante, d'une grâce parfaite, et qui, dans toute sa personne, ne laisse rien à désirer pour l'ensemble et l'harmonie des proportions ; mais cette beauté extérieure n'est rien, si on la compare à la beauté de son âme, aux grâces qui ornent son esprit, et aux bons et nobles sentiments qui font battre son cœur. Tenez, madame Fenouillet, depuis trois ans que je connais M^{lle} Léonie, il n'est presque pas de jour que je ne découvre en elle quelque nouveau trésor de vertus qui me la font admirer et chérir davantage.

— Ce que tu me dis là, observa M^{me} Fenouillet, ne m'étonne pas, et pendant le peu de temps qu'elle a passé ici, il y a trois ans, j'avais bien jugé qu'elle serait bientôt une personne accomplie en tout point. Je n'en suis pas moins contente d'apprendre ce que tu me dis, et je ne saurais que te féliciter d'être au

service d'une pareille maîtresse; aussi dois-tu
bien l'aimer, cette chère demoiselle Léonie :
que je serais heureuse de la revoir !

— Et qui n'aimerait pas, reprit Claudine
d'un ton pénétré, une personne si digne d'être
aimée? Figurez-vous, madame Fenouillet,
qu'elle est si peu fière qu'elle me traite plutôt
en amie, comme si j'étais son égale, qu'en
domestique. Dès les premiers temps que j'é-
tais avec elle, elle a voulu m'instruire et me
faire apprendre tout ce qu'on lui avait ensei-
gné à elle-même pendant qu'elle était en pension. Avec une pareille maîtresse il eût été
difficile de ne pas profiter; j'ai eu le bonheur
de faire des progrès qui me rendaient bien
heureuse, d'autant plus que mademoiselle en
paraissait elle-même enchantée. Maintenant
que nous sommes seules à la maison, ce qui
arrive souvent dans la belle saison, nous pas-
sons ensemble une partie de la journée à travailler et à étudier. Quelquefois l'une fait la
lecture pendant que l'autre coud ou brode, ou
bien nous chantons en duo quelques beaux
cantiques dont elle m'a appris les airs, et

quelqu'un qui nous verrait dans ces moments-là nous prendrait pour les deux sœurs ou pour deux amies intimes, plutôt que pour la maîtresse et la femme de chambre.

— Et M. le comte d'Ernouville, que fait-il? que devient-il? demanda M<sup>me</sup> Fenouillet.

— M. d'Ernouville a rajeuni de dix ans depuis qu'il habite Bonval. Souvent je lui ai entendu dire qu'il n'avait jamais été si heureux, et qu'il ne changerait pas son sort actuel contre celui du plus opulent financier de la capitale. « Ici, ajoute-t-il, j'ai la santé, la paix du cœur, et par-dessus tout cela les soins et la tendresse d'une fille incomparable; ces biens-là, que tout l'or du monde ne saurait nous donner, valent donc mieux que les trésors enfouis dans les caves de la banque de France. » Et il a bien raison quand il apprécie ainsi qu'il le fait les soins et la tendresse de sa fille; non, vous ne sauriez vous faire une idée, madame Fenouillet, des prévenances délicates, du respect et de l'amour que M<sup>lle</sup> Léonie montre à son père. Dans les commencements que nous habitions Bonval,

M. d'Ernouville paraissait difficilement s'ac-
coutumer à un genre de vie si différent de
celui qu'il menait auparavant. On ne se figu-
rerait jamais tous les moyens ingénieux et
variés que sa fille imaginait pour le distraire :
eh bien, à force de persévérance, elle a réussi,
et aujourd'hui M. d'Ernouville ne quitterait
pas sa petite résidence de Bonval pour venir
habiter cet hôtel, dût-il y retrouver dix fois
plus de luxe et d'opulence qu'autrefois.

— Vous m'étonnez, Claudine ; je crois que
vous vous exagérez le changement opéré chez
M. le comte ; moi je pense que s'il retrouvait
aujourd'hui sa fortune d'autrefois, il revien-
drait bientôt à son hôtel de la rue de l'Université, ce que pour mon compte je désire de
tout mon cœur.

— Je crois que vous vous trompez, et tout
à l'heure je vous en donnerai la preuve. Mais
auparavant je dois vous dire que le changement qui s'est fait chez M. le comte est bien
plus complet que vous ne vous l'imaginez.
Vous vous rappelez que quand il habitait
Paris il ne pratiquait guère la religion.

— Oh ! ça, c'est vrai ; il fréquentait plus la bourse que les églises.

— Eh bien, à Bonval, il est devenu fervent catholique, et il édifie la paroisse entière par son exactitude à remplir tous les devoirs de la religion.

— Ah ! c'est encore là un miracle dû à M<sup>lle</sup> Léonie.

— Je le crois ; mais elle s'en défend en disant qu'elle n'a jamais parlé à son père à ce sujet ; elle s'est contentée de prier Dieu pour l'éclairer et le ramener à lui, et, selon son habitude, de s'abandonner avec confiance à sa miséricorde. Et moi, je suis persuadée que ce sont ses prières qui ont été exaucées : car si vous voyiez M<sup>lle</sup> Léonie quand elle prie, on dirait véritablement une sainte à qui Dieu ne saurait refuser les grâces qu'elle lui demande. C'est aussi l'opinion de M. le curé de Bonval, et je l'ai entendu plusieurs fois s'exprimer dans ce sens.

— Et M. Ernest, le voyez-vous quelquefois ? Tu ne m'en parles pas.

— M. le capitaine Ernest vient tous les ans

passer plusieurs mois à Bonval. Il y est même dans ce moment-ci, avec un de ses amis, M. le marquis de Marey.

— M. le marquis de Marey? observa M^{me} Fenouillet; mais n'est-ce pas le parent de M^{me} la marquise de Marey, cousine de M. d'Ernouville, et qui venait ici si souvent du temps de M^{me} la défunte comtesse d'Ernouville, qu'elle aimait tant?

— Oui, et M^{me} la marquise a conservé pour la fille le même attachement qu'elle avait pour la mère; c'est elle, vous devez vous le rappeler, qui, pendant que M^{lle} Léonie était au couvent, allait la voir de temps en temps, s'intéressait à ses progrès, et finit par détruire les calomnies que sa belle-mère se plaisait à répandre sur son compte.

— Tiens, tiens, il me vient une idée, mademoiselle Claudine, s'écria tout à coup M^{me} Fenouillet; ce M. le marquis de Marey, cousin issu de germain du défunt mari de M^{me} la marquise douairière, se trouvait héritier d'une partie de la fortune de cette dame, qui, dit-on, est immensément riche, et l'autre partie de cette

fortune devrait revenir de droit à M. d'Ernouville ou à ses enfants. Eh bien, voici cette
idée : si on mariait le jeune marquis de Marey
avec M<sup>lle</sup> Léonie, ce serait un moyen de ne
pas diviser la succession.

— Eh bien, madame Fenouillet, répondit
Claudine en souriant d'un air fin, vous n'êtes
pas la première à avoir eu cette idée. Plusieurs personnes l'avaient eue avant vous, et
entre autres M<sup>me</sup> la marquise de Marey, qui,
depuis la retraite de son cousin et de sa pe-
tite-nièce, comme elle l'appelle, est venue
souvent les visiter à Bouval. Elle aime Léonie
presque autant que son père l'aime, et elle
s'est mis en tête de faire le mariage dont vous
parlez. Les choses sont même très-avancées,
et la signature du contrat doit avoir lieu ces
jours-ci, aussitôt après le retour de M<sup>me</sup> de
Marey à Orléans. Elle a voulu venir auparavant faire quelques emplettes à Paris, et elle
a demandé à M<sup>lle</sup> Léonie la permission de
m'emmener avec elle, sous prétexte que sa
femme de chambre était indisposée, mais,
en réalité, pour me consulter sur les objets

qu'elle désire acheter pour la jeune mariée,
dont elle sait que je connais les goûts. Voilà
pourquoi je suis venue à Paris. Maintenant
j'ai encore un renseignement à vous demander. M^{me} d'Ernouville, ci-devant veuve Lourdin, habite-t-elle encore cet hôtel? ou si,
comme on nous l'a dit, elle a quitté Paris, save z-
vous si elle a le projet d'y revenir bientôt?

— Pour ça, je ne le crois pas. M^{me} d'Ernouville, née Potard, a éprouvé bien des contrariétés depuis qu'elle a joué à son mari le
tour infâme que vous savez. D'abord elle s'est
brouillée avec son neveu Anatole Lourdin,
parce qu'elle a refusé à celui-ci la main de
M^{lle} Adèle, qu'il sollicitait après le refus de
M. Ernest. Il y a même eu, paraît-il, à cette
occasion, une scène très-vive entre la tante et
le neveu, scène dans laquelle ils se sont dit
mutuellement de grosses vérités.

— Mais enfin, observa Claudine, pourquoi
s'opposait-elle à ce mariage? Il me semble
qu'il était parfaitement convenable.

— Oui, mais madame ne voulait donner sa
fille qu'à un gentilhomme; c'était son idée,

quoi! mais c'était un peu difficile à trouver,
surtout après l'esclandre qu'avait occasionné
l'espèce d'escroquerie qu'elle a faite à son
mari. Enfin elle découvrit, je ne sais comment,
un certain chevalier de Limérac, grand gaillard
à grandes moustaches, qui ressemblait à un
tambour-major de la garde. Il n'avait point de
fortune ; mais il apportait en mariage à sa future sa bonne mine, son titre de gentilhomme,
et deux ou trois décorations étrangères. C'était
tout ce que demandait la mère. Une fois le
mariage consommé, M. le chevalier de Limérac s'établit en maître dans l'hôtel; tout ne
marchait que par ses ordres, et bientôt il amena
ici une foule de ses amis, gens d'assez mauvais
ton, avec lesquels il faisait des orgies du matin
au soir. La belle-mère fit des remontrances ; on
se fâcha, on en vint aux gros mots, si bien
qu'un jour M. le chevalier, après avoir battu
sa femme et sa belle - mère, les mit toutes
deux à la porte. Dès le lendemain M^me d'Ernouville intenta à son gendre un procès en
séparation de corps. « Nous nous débarras-
serons ainsi de ce monstre-là, disait-elle à

sa fille, mais tu n'en conserveras pas moins le droit de t'appeler M^me de Limérac. » Hélas ! ce droit même ne lui est pas resté. La séparation de corps a bien été prononcée; mais pendant le procès on s'est aperçu que le soidisant chevalier de Limérac avait usurpé ses titres et ses décorations. Il a en conséquence, et en vertu d'une loi nouvelle sur les usurpations de titres, été condamné à l'amende et à la prison, et à ne porter désormais que le nom de Nicolas Jacquot, son véritable nom. Ainsi M^me d'Ernouville, qui avait tout sacrifié pour donner à sa fille un gentilhomme, ne lui avait fait épouser en réalité qu'un chevalier d'industrie.

« Vous comprenez qu'après une pareille déconvenue, que les journaux avaient racontée dans le plus grand détail, et dont tout Paris s'était amusé, M^me d'Ernouville et M^me Jacquot ne pouvaient plus habiter la capitale. Elles sont parties il y a six mois pour Dijon, leur refuge ordinaire; depuis ce temps-là nous n'en avons plus entendu parler, et je ne crois pas qu'elles songent à venir de sitôt.

— Savez-vous, demanda ensuite Claudine, dans le cas où ces dames ne seraient pas décidées à revenir, si elles loueraient l'hôtel?

— Je n'en sais rien, il faudrait pour cela s'adresser à l'homme d'affaires. Mais, entre nous, ma petite Claudine, pourrait-on savoir pourquoi vous me faites cette question?

— Je puis bien vous le dire à vous, madame Fenouillet; c'est que M^{me} la marquise de Marey désirerait louer cet hôtel pour les nouveaux mariés, pendant tout le temps que durera l'usufruit de M^{me} d'Ernouville. Comme à la cessation de cet usufruit l'hôtel leur appartiendra de droit, ils n'auront pas cessé d'habiter l'héritage paternel.

— Oh! que je serais heureuse si cela pouvait réussir! mais avec de l'argent je crois que cela est possible. Voici l'adresse de l'homme d'affaires; portez-la à M^{me} la marquise, et priez Dieu que le succès couronne ses démarches. »

—

Les vœux de M^me Fenouillet furent exaucés.
M^me la marquise racheta l'usufruit de l'hôtel,
et en remit en possession ceux qu'elle appelait
*ses enfants*. La nouvelle marquise de Marey
et son mari ne regardent cependant l'hôtel de
la rue de l'Université que comme un pied-à-
terre où ils descendent quand ils viennent pour
quelques jours à Paris. Leur résidence habituelle est Bonval, où ils passent leurs instants
les plus doux auprès de leur père, qui, selon
la promesse d'Ernest, a trouvé dans l'époux
de sa fille non pas un gendre, mais un fils.
Jamais M. le comte d'Ernouville n'a voulu retourner à Paris, ni dans cet hôtel, qui lui
rappelle de si tristes souvenirs. Ernest vient
le plus souvent qu'il peut à Bonval; on voudrait lui faire quitter l'état militaire et le marier; mais jusqu'à présent il ne paraît disposé
ni à l'un ni à l'autre.

FIN

# TABLE

5672. — TOURS, IMPR. MAME